Gudrun Altmann

Empathische ErzieherInnen

Das Potenzial von Empathie
innerhalb der pädagogischen Beziehung
unter besonderer Berücksichtigung
des Erziehungskonzepts von Janusz Korczak

Bachelor-Thesis

Überarbeitete Fassung
(Universität Augsburg, 07/2019)

Bibliografische Information der Deutschen Nationalbibliothek:
Die Deutsche Nationalbibliothek verzeichnet diese Publikation
in der Deutschen Nationalbibliografie; detaillierte bibliografische
Daten sind im Internet über: http://dnb.dnb.de abrufbar

© 2020 Gudrun Altmann
Herstellung und Verlag:
BoD – Books on Demand

ISBN: 978-3-7504-2736-5

INHALTSVERZEICHNIS

I

1. Einleitung

Seit Jahren zeigt sich eine Zunahme von Kindern mit Burnout-Symptomatik. Mittlerweile scheint jedes sechste Kind von Dauerstress betroffen zu sein (vgl. Bayer Vital o. J.). Zugleich steigt auch die Zahl der Krankmeldungen von ErzieherInnen aus physischen und psychischen Gründen (vgl. ZVBV e. V. 2015), und seit Mai 2019 führt die Weltgesundheitsorganisation das Syndrom Burnout als Stressor, der die Leistungsbereitschaft und -fähigkeit beeinträchtigen und gesundheitliche Schäden hervorrufen kann in ihrem Katalog (vgl. Süddeutsche Zeitung 2019).

Diese Aspekte lenken den Blick auf die Architektonik einer Beziehung zwischen diesen beiden Personengruppen in institutionellen Kontexten. Eine pädagogische Beziehung entsteht als formelle Konstellation, wenn Kinder und Jugendliche, wie etwa in Kindertagesstätten oder Schulen, auf professionelle PädagogInnen treffen. Doch wie gestaltet sich ein erstes Aufeinandertreffen oder der alltägliche Umgang miteinander, wenn sich im Extremfall auf beiden Seiten emotional und körperlich ausgebrannte Individuen gegenüberstehen?

In der alltäglichen Denkweise und ihrem Sprachgebrauch sind Begriffe wie *Empathie* oder *Mitgefühl* fest mit der Idee von sozialen Berufen verknüpft und werden auch offiziell als berufliche Kompetenz postuliert. Wenn jedoch Kirschbaum (o. J.) in Anlehnung an Shirom (2003) anführt, dass Menschen mit Burnout weniger bis keine Emotionen mehr aufbringen, sich weniger bis nicht mehr in andere einfühlen und ihnen weniger bis keine Empathie mehr entgegenbringen können (vgl. o. J.) muss angenommen werden, dass die (Art und Weise der) Erarbeitung und Vermittlung diverser Bildungs- und Erziehungsprozesse von Seiten der PädagogInnen gefährdet ist.

Auf der Seite der Kinder und Jugendlichen stehen folglich deren Chancen als auch die (verbliebenen) Bewältigungs- oder Regulierungsschemata der an sie herangetragenen Aufgaben und Ziele in Frage.

Die Burnout-Symptomatik diente lediglich als einleitendes Beispiel zur spezifischeren Darstellung des Erkenntnisinteresses, denn die Fähigkeit zur Empathie wird grundsätzlich, also auch bei emotional und physisch unbelastetem Fachpersonal, als Voraussetzung ihrer beruflichen Tätigkeit angesehen, wie im Qualifikationsprofil zur ErzieherInnen-Ausbildung von der Ständigen Konferenz der Kultusminister der Länder in der Bundesrepublik Deutschland (folgend: *KMK*) festgeschrieben (vgl. KMK 2017, S. 12).

Diese Thesis richtet ihren Fokus somit einerseits auf das *Berufsbild staatlich anerkannter Erzieherinnen und Erzieher* als lebenslanger Berufsbildungsprozess und andererseits auf ihre erzieherische Rolle als prägende *Bezugsperson* in einer pädagogischen Beziehung mit Kindern und Jugendlichen im abendländischen institutionalisierten Kontext. Als fraglich erscheint somit die Basis und die Wahrnehmung dieser Begegnungsmomente, das reziproke Resonanzfeld als Bindeglied von Beziehungsgestaltung und die pädagogischen Handlungsmöglichkeiten von Erzieherinnen und Erziehern, wenn die angesprochenen Kriterien unter einer empathischen Prämisse analysiert werden.

Zu diesem Zweck führt diese Bachelorarbeit über die Spezifizierung der Problemlage den aktuellen Forschungsstand sowie die hermeneutische Methodik ein und kristallisiert die Forschungsfrage heraus. Nach der Definition grundlegender Begriffe aus dem Bereich Erziehung erfolgt der Übergang in die Thematik der Empathie. Zu Beginn werden curriculare und definitorische Eingrenzungen verschiedener Anschlussdiszip-linen der Erziehungswissenschaft dargestellt. Danach erfolgt der Zugang zur Empathie aus Sicht der Erziehungswissen-schaft. Abgeschlossen wird das Kapitel mit einer aus den inter-disziplinären Daten operationalisierten Definition von Empa-thie als Orientierungsgröße für nachfolgende Analysen. Nach der Durchschau des Konzepts von Janusz Korczak als eine mögliche *historische empathische Direktive* beginnt die Verknüp-fung der bisherigen Erkenntnisse mit Faktoren der pädagogi-schen Professionalität, des pädagogischen Handelns und des Resonanzraumes einer pädagogischen Beziehung, um das Po-tenzial von Empathie für die pädagogische Arbeit von Erzie-herInnen herauszuarbeiten. Abgerundet wird diese Arbeit mit einem Fazit sowie einem Ausblick.

Die folgende Untersuchung orientiert sich primär an Kin-dern und Jugendlichen zwischen 0-16 Jahren, da hier das Gros an pädagogischen Beziehungsgeflechten in Institutionen (wie Krippen, Kindergärten, Kindertagesstätten und Schulen) ver-mutet wird. Die Begrifflichkeiten *ErzieherInnen* und *PädagogIn-nen* werden simultan verwendet. Sie schließen LehrerInnen, die häufig auch als PädagogInnen tituliert werden, randläufig mit ein, richten sich jedoch primär an ErzieherInnen aus, da Lehrkräfte vornehmlich als Didaktiker und weniger als Erzie-hende verstanden werden. Diese Arbeit behandelt und fußt auf Gleichstellung, Humanität und den Menschenrechten, weshalb sie eine gendergerechte Schriftform nutzt. Sie bedient sich hierbei dem Binnen-I und Doppelnennungen. Bei direkten Zitaten entfällt das Gendern. Ein Anspruch auf absolute Voll-ständigkeit kann aufgrund der Zeichenbegrenzung sowie der Art der Arbeit nicht erhoben werden.

1.1 Problemlage

Ein Grundelement dieser Arbeit stellt ihre Hinwendung zum und ihre Orientierung am *Bayerischen Bildungs- und Erziehungsplan für Kinder in Tageseinrichtungen bis zur Einschulung* des Bayerischen Staatministerium für Familie, Arbeit und Soziales des Staatsinstituts für Frühpädagogik in München (folgend: *BayBEP*) dar, welcher „[...] das Recht des Kindes auf Bildung von Anfang an" (BayBEP 2018, Vorwort, S. XVI) als seine Prämisse voran stellt. Hierin beruft er sich auf den verankerten Bildungsauftrag Deutschlands laut den festgeschriebenen Kinderrechten den UN-Konventionen. Für gelungene Bildungsprozesse:

> „[...] sei die Haltung entscheidend, die dem Handeln der Pädagoginnen und Pädagogen zugrunde liegt. Diese Haltung basiert auf Prinzipien wie Wertschätzung, Kompetenzorientierung, Dialog, Partizipation, Experimentierfreudigkeit, Fehlerfreudigkeit, Flexibilität und Selbstreflexion" (ebd., S. XX).

Doch auch „[...] die Sorge um jene Kinder, deren Wohlergehen und Entwicklung gefährdet (ist) [...] und ihr Schutz vor weiteren Gefährdungen [...]" (BayBEP 2018, S.443) obliegt den Institutionen respektive dem pädagogischen Personal (vgl. BayBEP 2018, Vorwort, S. XVI-XX und S. 443).

Fraglich erscheint nun, ob sich sinnvolle Berührungspunkte zwischen der erzieherischen Aufgabenstellung, der Durchsetzung und Vermittlung oben genannter Vorgaben im Allgemeinen und der Empathie finden. Denn das extreme Beispiel der Burnout-Problematik zeigt, dass die Vorstellung entsprechender Beziehungsakteure in pädagogischen Beziehungs-

Konstellationen keineswegs utopisch ist und sich im Arbeitsalltag von ErzieherInnen zwei *ausgebrannte* Menschen gegenüberstehen können. Wie wirkt es sich beispielsweise aus, wenn sich der Dialog und/oder die Interkation von einer Seite oder gar beiden Seiten nicht wertschätzend, sondern aufgrund von Empathie-Mangel (dauerhaft) geringschätzend vollzieht? Könnte das im Gegenüber noch mehr Stress erzeugen?

Ein signifikanter Punkt stellt somit die aktuelle und die mögliche Verortung der *Empathie* in der Erziehungswissenschaft dar. Hierbei kristallisierte sich das Problem heraus, dass Empathie offenbar nur als verwaschene Formulierung für etwas *Gutes* und *Einfühlsames* erscheint. So auch im amtlichen *kompetenzorientierten Qualifikationsprofil für die Ausbildung von Erzieherinnen und Erziehern an Fachschulen und Fachakademien* der Kultusministerkonferenz von 2017, welches die Grundlage für die Ausbildung stellt. Dort wird Empathie explizit als Kompetenz unter dem Punkt „Sozialkompetenz" (KMK 2017, S. 12) verschriftlicht dargestellt, wenn es heißt, „[…] (die) Absolventinnen und Absolventen […] zeigen Empathie für Kinder, Jugendliche, ihre Familien und deren unterschiedliche Lebenslagen" (ebd.).

Eine genaue Definition, Anwendungsempfehlung oder eine inhaltliche Umschreibung findet sich darin nicht. In erziehungswissenschaftlicher Literatur tritt die Empathie meist als autonomes Wort zu Tage, welches wohl parallel mit Feinfühligkeit, Mitgefühl und Perspektivenwechsel gleichgesetzt wird. An dieser Stelle wird deutlich, dass der Begriff im arbeitsalltäglichen pädagogischen Kontext zwar mutmaßlich verwendet wird, aber nicht näher definiert zu sein scheint. Um differenten Interpretationen vorzubeugen, kann die Suche nach eingrenzenden Aspekten auf diverse Nachbardisziplinen der Erziehungswissenschaft ausgeweitet werden, um so kollektive Charakteristika herauszuarbeiten und sie für die erziehungswissenschaftliche Betrachtung aufzubereiten. Erst im Anschluss daran kann eine Analyse hinsichtlich eines möglichen Potenzials von Empathie erfolgen, wenn es in die Themen *Professionalität*, *pädagogische Beziehung* und *pädagogisches Handeln* einfließen soll.

Dabei gilt es aufzuzeigen, ob und inwieweit ein qualitativer sowie quantitativer Wissenszuwachs über die Thematik Empathie einen Gewinn für ErzieherInnen in einer allgemeinen sowie auch emotionalen und/oder gesundheitlich defizitären Interaktionsgemeinschaft mit Einzelnen (oder Gruppen) darstellen könnte. Hieraus entstand die Intention in der Geschichte der Pädagogik zurückzublicken und eine Suche nach möglichen (effizienten) Erziehungsmodellen zu betreiben, welche aktiv oder unterschwellig empathische Ansätze verfolgten. Möglicherweise können diese in den Diskurs miteingeflochten werden.

1.2 Forschungsstand

Als eine Richtgröße der zu leistenden Anforderungen von ErzieherInnen wird der BayPEP als Grundlage in dieser Arbeit positioniert. Dieser erhebt den Anspruch einen fachlich-qualitativen Orientierungsrahmen für den praktischen Vollzug des „*Bayerische*(n) *Kinderbildungs- und betreuungsgesetz*(es)" (Bay-BEP 2018, Vorwort, S. IV) [Hervorhebung im Original] zu bieten. Neben der Befolgung arbeitsrechtlicher und konzeptioneller Statuten müssen pädagogische Fachkräfte, unabhängig ihres emotionalen oder körperlichen Zustands, in der Lage sein, auch gesetzestreu zu agieren. Daher kristallisieren sich zwei Subfragen heraus: *Tangiert empathisches Verhalten den angestrebten Vollzug gesetzlicher Vorgaben pädagogischer Fachkräfte? Und wenn ja, welche Risiken oder Perspektiven könnten sich darin verbergen?* Folgend werden die Allgemeinen Menschenrechte in dieser Bachelor-Thesis als oberste Maxime verortet.

Für den Begriff der Empathie selbst gilt, ihn aus dem alltäglichen unscharfen Sprachgebrauch zu isolieren und wissenschaftliche Markierungen zu finden und zu positionieren. Hier wurde mithilfe von Literatur, digitalen Medien sowie in Datenbanken recherchiert, um den zeitlich und inhaltlich linearen Ablauf der Begriffskonstruktion nachzuvollziehen. Schwierig daran zeigte sich allerdings die Problematik der unterschiedlichen wissenschaftlichen Verwendungsweisen und Begriffsdefinitionen des Explikandums *Empathie*. Die unterschiedlichen Disziplinen behandeln und definieren Empathie ausschließlich in ihrem Sinne und zeigen unscharfe Abgrenzungen zu anderen Begrifflichkeiten und Curricula wie etwa zu *Mitgefühl* oder *Mitleid*. Hierunter fällt ebenso die Thematik der *Feinfühligkeit*, welche auch synonym zu Empathie geführt wird. Aus dieser

Problemstellung heraus entsteht eine weitere Subfrage: *In welchem Verhältnis stehen Empathie und Feinfühligkeit zueinander?* Deshalb wird der Empathie-Begriff in einem eigenen Kapitel (siehe **3.**) aufgearbeitet und bist zum Ende der Arbeit präzisiert. Erziehungswissenschaftlich relevant zeigt sich hierfür der Zugang über die *Bindungstheorie* von *Mary Ainsworth* und *John Bowlby* sowie eine Dissertations-Studie von *Regina Remsperger* über *das (feinfühlige) Reaktionsverhalten von ErzieherInnen*.

Eine Einbindung der Disziplin Psychologie findet aufgrund ihrer generellen therapeutischen und pathologischen Fokussierungen nicht statt. Zugleich zeigt sich ein großes thematisches Gefälle in nötigen Begriffskonstruktionen, deren Aufarbeitung den Rahmen der Arbeit sprengen würde.

Zu den Themen *pädagogische Beziehung, pädagogisches Handeln, Professionalität* sowie *professionelle Haltung* findet sich zahlreiche und vielfältige historische und aktuelle Literatur. Hiervon werden vermehrt Schriften der letzten 15 Jahre verwendet, die sich zum Teil mit höchst aktuellen Problemen der professionellen pädagogischen Berufsrolle in Kombination mit der Eigenbiografie von PädagogInnen befassen, wie etwa der Sammelband von *Kraul, Margret/Marotzki, Winfried/Schweppe, Cornelia* aus dem Jahr 2002: *Biographie und Profession.* Somit wird auch eine Introspektion persönlicher und professioneller Ressourcen und möglicher Perspektiven von ErzieherInnen möglich. Klassisch verfolgt wird die pädagogische Beziehung als *Begegnung* mit Zuschreibungen von *Josef Derbolav* und *Werner Loch* in *Werner Fabers Pädagogische Kontroversen 1. Das Problem der Begegnung* aus dem Jahr 1969. Aber auch neue Terminologien, wie etwa *Resonanz* in Bezug auf die pädagogische Beziehung, können bei der Recherche entdeckt werden. Bei *Jens*

Beljan (2019): Schule als Resonanzraum und Entfremdungszone. Eine neue Perspektive auf Bildung erscheinen diffizilere Ansichten auf die pädagogische Beziehung als bei übriger Literatur. Speziell zum pädagogischen Handeln bieten *Klaus Prange* und *Gabriele Strobel-Eisele* mit ihrer Lektüre über *Die Formen des pädagogischen Handelns* aus dem Jahr 2015 mit einer exklusiven Ausarbeitung über das Zeigen einen interessanten Ansatz zur einer weiteren Subfrage: *Wie kann sich Empathie zeigen?* Grundlegend verwebt diese Bachelorarbeit klassische Ansätze mit aktuellen Erkenntnissen.

Auf der Suche nach empathisch-konnotierten pädagogischen Konzepten, welche zusätzlich ganz oder teilweise den in der Problemlage aufgeführten grundlegenden Prämissen des aktuellen BayBEPs und der UN-Konvention nahekommen, richtet sich der Fokus zügig auf die Zeit der Reformpädagogik. Hierbei fällt die Auswahl auf das Erziehungskonzept von Janusz Korczak, da Sigurd Hebenstreit anführt, seine Auseinandersetzung mit Korczaks Konzept hätte „[…] (sein) Bild vom Kind verändert und gestärkt […] (seinen) realistische(n) Blick auf […] die sich eröffnenden Möglichkeiten neuer Begegnung […] und (s)ein Erziehungsverständnis präzisiert […]" (Hebenstreit 2017, S. 10). Somit wird Korczaks Konzept auf seine Aktualität und empathischen Perspektiven und Relationen hin überprüft. Umfangreiche Aussagen von Korczak, weitere Informationsgehalte und Zusammenfassungen bieten hierfür die Literatur von *Sabine Andresen (2018): Janusz Korczak. Wie man ein Kind lieben soll* sowie von *Friedhelm Beiner (2018): Was Kindern zusteht. Janusz Korczaks Pädagogik der Achtung. Inhalt – Methoden – Chancen.* Zudem findet sich durch *Armin Bernhard* in *Pädagogisches Denken. Einführung in allgemeine Grundlagen der*

Erziehungs- und Bildungswissenschaft aus dem Jahr 2017 ein aktuelles und detailliertes Nachschlagewerk zum grundlegenden Verständnis pädagogischer Themenkomplexe.

Im Anschluss eröffnet sich somit die Untersuchungsmethode, welche nach dem bisher mutmaßlichen Zusammenhang einer möglichen Effizienz von Empathie darstellt, wie sich die Suche nach wissenschaftlichen Anhaltspunkten zur Klärung der Forschungsfrage gestaltet, welche nach Überprüfung der Subfragen lautet: Welches Potenzial bietet die Empathie Erzieherinnen und Erziehern als Assistenz für die Gestaltung der pädagogischen Beziehung unter besonderer Berücksichtigung des Erziehungskonzepts von Janusz Korczak?

1.3 Methode

Einer hierarchischen Struktur folgend beginnt die Bachelor-Thesis anhand erziehungswissenschaftlicher terminologischer Begriffsdefinitionen als Unterbau zu Orientierungszwecken. Daraufhin werden unterschiedliche Disziplinen per hermeneutischer Textanalyse auf empathische Bestandteile hin untersucht und als Alternative zum bestehenden Definitionspluralismus des Forschungsgegenstandes Empathie in einem begriffsschärferen Explikat gebündelt.

Auch das Erziehungskonzept von Janusz Korczak wird hermeneutisch durchleuchtet, seine Prämissen zu Tage gefördert, und auch kritische Aspekte finden ihren Weg in die Darstellung. Im Anschluss verweben sich obige Erkenntnisse innerhalb der Kernthemen dieser Arbeit *Empathie, pädagogische Beziehung, pädagogisches Handeln, pädagogische Professionalität* sowie *Korczaks Konzept* durch eine diskursive Argumentationsanalyse, die sich auf Autoritätsargumente beruft. Die Aussagen und Erkenntnisse der jeweiligen Autoren und die zumeist induktiven Hypothesen werden innerhalb hermeneutischer Zirkelbewegungen in Beziehung gesetzt und mit der Assistenz des Explikats von Empathie analysiert und abgeglichen. Grundlegend verschreibt sich diese Thesis dem „[…] Dekonstruktionismus […]" (Rescher in: Bühler 2003, S.177), der Texte in einzelne Bestandteile zerlegt, um diese anschließend in weiteren oder anderen Kontexten (vor allem in Bezug auf Janusz Korczak) neu zu konstruieren. Diese Bachelor-Thesis erhebt den Eigenanspruch ein Konglomerat aus modernen Daten und neuartigen Zusammenhängen in Kombination mit einem historischen Erziehungskonzept zu konstruieren, um innovative Blickwinkel von Empathie zu erzeugen. Oder wie Nicholas Re-

scher es formuliert: „[…] ein Mittel zur Provokation von Gedanken […] als ein Übungsplatz für die ungezügelte Einbil-
dungskraft […]" (ebd., S. 190) (vgl. Rescher in: Bühler 2003, S.
177, 181 und 190).

2. Begriffsbestimmung

2.1 Bildung

Von der Bildung als ein *Quell der Möglichkeiten* sprach Wilhelm von Humboldt schon zum Ende des 18. Jh. Die inneren Potenziale des Menschen würden interdependent an der äußeren Welt gedeihen, deshalb benötige der Mensch Annäherungen und Kontakte, um diese zu umspielen. Er müsse sich physisch und kognitiv daran *reiben*, um zu erkennen, zu begreifen und sich Erfahrenes einzuverleiben. Für Humboldt stelle das Wesen der Bildung das Streben des menschlichen Selbst dar. Sie charakterisiert sich für ihn als das Fundament einer Gesellschaft, in der sich autonome, selbst geformte und souveräne Individuen verantwortungsvoll im Einklang mit ihrer (Um-)Welt bewegen. Hierin sieht er die Gewährleistung einer qualitativen Erkenntnis- und Wissensübertragung an zukünftige Generationen (vgl. Humboldt in: Leitzmann 1903 in: Baumgart 2007, S. 94-96).

2.2 Erziehung

Die Begründbarkeit von Erziehung leite sich aktuell von der Erziehungsbedürftigkeit und Erziehungsfähigkeit des (jungen) Menschen ab. Die Kompensation der biologischen Mängel sei durch gezielte Vermittlung von beispielsweise Normen, Ritualen und weiteren Kulturtechniken möglich, so Margit Stein (vgl. 2017, S. 39 f.):

„Erziehung basiert auf der anthropologischen Annahme, dass der Mensch erziehungsfähig sei, und somit willens und fähig, sein jetziges Handlungssystem zu verbessern. Erzieherisches Handeln ist ein zunächst stellvertretendes Handeln und damit Hilfestellung eines bereits Mündigen. Mit zunehmender Mündigkeit des zu Erziehenden wird der Erzieher überflüssig. Erziehung ist nicht nur der eigentliche Prozess des Erziehens, sondern auch das Produkt des […] Erziehungsprozesses […]" (Stein 2017, S. 40).

Des Weiteren bemerkt Armin Bernhard, Erziehung biete den Zu-Erziehenden auch einen Schutzraum vor für sie gefährliche oder unkontrollierte Einflüsse der jeweiligen Außen- und Subwelten (vgl. 2017, S. 38). Erziehung und erzieherisches Handeln darin können intentional (absichtlich), funktional (Vorbildfunktion/Erziehung als Nebeneffekt/Zufall) oder extensional (Anstoß durch Impulse/Settings) erfolgen. Es müsse zwischen den „[…] Absichten der Erzieher und den Wirkungen der Erziehung unterschieden werden […], da Erziehung primär als ergebnisoffener Prozess zu fassen ist" (Stein 2017, S. 41) (vgl. Stein 2017, S.41).

2.3 Pädagogisches Handeln

Die Intention für pädagogisches Handeln erwächst laut Armin Bernhard aus und innerhalb von Prozessen der Bildung und Erziehung. Pädagogisches Handeln sei aktives, bewusstes, reflexives, theoriegeleitetes und zielgerichtetes Handeln innerhalb eines pädagogischen Beziehungsgefälles, welches dem Menschen den Weg zur autonomen Selbstbestimmung ebnen und sich (das Handeln als auch die Beziehung) in Folge selbst auflösen solle (vgl. Bernhard 2017, S. 91-93). Für Gabriele Strobel-Eisele und Klaus Prange zeigt sich Erziehung als eine:

„Triangulation [...] die darin besteht, Lernen und Erziehen über Themen aufeinander zu beziehen. [...] Handeln ist pädagogisch dadurch, dass dem Lernen Themen angeboten, aber auch aufgedrungen werden, um über Zeit die Zustände von Personen zu treffen, sie zu ändern und sie damit zu befähigen, einigermaßen selbständig mit den Anforderungen zurechtzukommen, auf die sie in ihrem Leben treffen" (Prange/Strobel-Eisele 2015, S.17).

In der erziehungswissenschaftlichen Theorie finden sich unterschiedliche Ansätze des pädagogischen Handelns. Diese Arbeit wendet sich in Bezug auf pädagogisches Handeln der Grundform des *Zeigens* zu, welche in Kapitel **5.2** intensiver erörtert und mit Substraten der bisherigen Analyse verwoben wird.

2.4 Pädagogische Beziehung

Historisch lässt sich der Begriff der *pädagogischen Beziehung* aus der geisteswissenschaftlichen Bestimmung von Erziehung herausarbeiten. Hierin erscheine sie als „[…] *pädagogischer Bezug* […]" (Bernhard 2017, S. 22) [Hervorhebung im Original] und somit als Charakteristik der Relation zwischen ErzieherInnen und Zu-Erziehenden als Mittelpunkt von Erziehung (vgl. Bernhard 2017, S. 22). Auch Hermann Giesecke verweist auf die pädagogische Beziehung als „[…] Substanz des Pädagogischen […]" (1999, S. 16). Sie sei das Fundament, aufgrund dessen ein Austausch, Kontakt oder eine Übermittlung bestimmter Inhalte erst möglich sei.

Andererseits zeige sie sich auch als die persönliche Übertragungsstrecke an sich, um „[…] unmittelbar auf andere Menschen ein(zu)wirken […]" (ebd.) und könne sich so durch ihre aktive, bewusste und direkte Wesensart von funktionaler Erziehung oder Sozialisation unterscheiden. Als naturgegeben beschreibt Giesecke das Verhältnis eines Kindes, welches auf den Erwachsenen angewiesen sei, und auch bei der pädagogischen Beziehung in institutionellen Kontexten gebe es stets eine generationale Verschränkung zwischen Kindern und Jugendlichen und pädagogischem Fachpersonal (vgl. 1999, S. 16f.).

Annedore Prengel arbeitet die Verantwortung der PädagogInnen heraus, welche als Erfahrenere federführend in der Gestaltung dieser Beziehung seien. Kontakte zu und Interaktionen mit den Zu-Erziehenden sollen von Interesse und Wohlwollen am Individuum geprägt sein, da die Fachkräfte selbst sowie die Prägung der Beziehung für die weitere Biographie der Kinder und Jugendlichen bedeutungsvoll seien (vgl. Prengel 2019, S. 12-19). Als Intensivierung dieser zwei Aspekte wird auf die Kapitel **3.2.2** über den signifikanten Anderen als auch auf das Kapitel **3.2.4** über das Bindungsverhalten verwiesen.

Bei Werner Loch findet sich eine kritische Reflexion des Begriffs der *Begegnung*. Er fasst zusammen, dass sich die Begegnung sowohl als momentanes Geschehen als auch als eine Art längerfristiges Bündnis zeige. Konkludierend sei Begegnung kein alltägliches, sondern ein besonderes Phänomen. Begegnung erzeuge eine plötzliche und überraschende Gegenwart. Sobald dem Menschen bewusstwerde, dass er sich aktuell ebenso in der Gegenwart eines anderen befinde, erzeuge dieser Kontrast erst *Wirklichkeit*. Dabei entstehe die Unbekannte *Zeit*, denn weder durch seine Vergangenheit könne sich der Mensch das oder den Gegenüber erklären noch könne er sich mögliche Folgen vorstellen (vgl. Loch in: Faber 1969, S. 13 und 39). Josef Derbolav verweist auf das dialektische und zweigeteilte Wesen der Begegnung: Voraussetzung *für* und Ziel *von* Begegnung sei die Erschließung von *Sinn* anhand von *Auseinandersetzung*. Durch die gegenseitige Auseinandersetzung der Akteure mit sich selbst und mit den jeweils anderen in und mit der Umwelt bedeutet Begegnung für ihn auch eine spiegelnde Begegnung, wie „[…] eine Art ›Wiederbegegnung‹, die sich in ihr vollziehende Aneignung des Fremden zugleich als ein ›Selbsthervorbringen‹ des Eigenen (und) das aus ihr resultierende Anderswerden zugleich als ein ›Selbstwerden‹ […]" (Derbolav in: Faber 1969, S. 95) [Hervorhebungen im Original] (vgl. Derbolav in: Faber 1969, S. 93-95).

2.5 Pädagogische Professionalität

Für Armin Krenz ergibt sich die Professionalität in der (Sozial-)Pädagogik:

„[…] aus der Summe […] vorhandener Spezialqualifikationen, […] eines wissenschaftlich fundierten Sonderwissens, das über allgemeine Grundkenntnisse deutlich hinausgeht, […] einer tiefen, inneren Bindung der Person zum Beruf und den Menschen, mit denen die Fachkräfte in Kontakt stehen, […] einer entwicklungsförderlichen Kommunikations- und Interaktionspraxis, […] einer lösungssuchenden Handlungsorientierung auf der Grundlage humanistischer Werte sowie […] eines gezielten, fachgerechten und fundierten Vorgehens bei Handlungsvollzügen in der beruflichen Alltagsgestaltung – im Gegensatz zu einem willkürlichen emotional geleiteten Handeln auf der Grundlage unreflektierter und subjektiv festgelegter Maßstäbe" (Krenz 2017).

Durch den permanenten Wandel gesellschaftlicher Inhalte und Rahmenbedingungen werden die Aufgabenbereiche von PädagogInnen stets umfangreicher und stellen sie und pädagogische Institutionen vor große Herausforderungen. Als unabdingbar für ein professionelles Berufsverständnis pointiert er die Selbstreflexion täglicher Berufsroutine und der eigenen Biographie (vgl. Krenz 2017).

2.6 ErzieherIn

Die Suche nach einer Definition des Berufes ErzieherIn gestaltete sich – vor allem in wissenschaftlicher Literatur –
schwierig. Auch in zeitgenössischen Quellen oder auf Internet-
seiten von Fachakademien oder Fachschulen finden sich qualitativ als auch quantitativ variable Verständnisse dieses Be-
rufsbildes. *ErzieherIn* wird somit ausschließlich durch eine
amtliche offizielle Quelle definiert.

Das bereits oben genannte Qualifikationsprofil der KMK
von 2017 bildet die Grundlage für die Ausbildung. Exemplarische Eckpunkte seien hierbei das Spektrum der Handlungsfel-
der wie etwa die Gestaltung von pädagogischen Beziehungen
zu Kindern, Jugendlichen und Erwachsenen sowie das pädagogische Handeln in Gruppen. Ebenso das Anregen, Fördern
und Unterstützen von Entwicklungs- und Bildungsprozessen
als auch die (Weiter-)Entwicklung von Institutionen, Konzepten und Teams. Ferner umfasse die Tätigkeit die Kooperation
mit Eltern, Bezugspersonen oder auch Netzwerkarbeit mit diversen Institutionen und deren Ansprechpartnern wie etwa
potenzielle Lehrer oder Therapeuten. Gefordert werde zudem
– neben fachspezifischem Wissen - eine „Professionelle Haltung" (KMK 2017, S. 12) die „Sozialkompetenz" (ebd.) (unter
anderem Empathie, Kommunikationsfähigkeit, Toleranz, Ver-
antwortungsbewusstsein und ein Verständnis von heteroge-
nen, inklusiven und präventiven Perspektiven) und „Selbständigkeit" (ebd.) (wie das Bewusstsein ein Vorbild zu sein, die
Bewertung und Reflexion von Berufsmotivation und -ver-
ständnis, Handlungen, Wahrnehmungen, Werten sowie das
Berufsverständnis als lebenslanger (Weiter-)Entwicklungspro-

zess) beinhalte (vgl. KMK 2017, S. 12-14). Durch „Auftragge-
ber" (Giesecke 1999, S. 250) gehe der „Berufspädagoge" (ebd.)
mit Kindern und Jugendlichen eine (von beiden Seiten) nicht
freiwillige, temporäre und vergütete Beziehung mit begrenzten Rahmenbedingungen und durch Aufträge begrenzte Zwe-
cke ein. Entsprechendes Fachwissen werde durch eine Ausbildung erworben und schließe mit einer Prüfung ab (vgl. Giesecke 1999, S. 250-253).

Nach obiger Grundlagenaufbereitung erfolgt im Anschluss
der Einstieg zur Beantwortung der Forschungsfrage anhand
der Entfaltung des Themenkomplexes *Empathie*.

3. Empathie

3.1 Ein Werdegang:
Die Entstehung von Empathie und die Begriffsentwicklung

Obwohl der Begriff der Empathie in der alltäglichen Verwendung im Sinne einer mentalen Fähigkeit verwendet wird, ist es unerlässlich auf die Relevanz seines primär physischen Ursprungs hinzuweisen. Der Begriff *Ursprung* erscheint hier als Doppelcharakter: Der gängige situative Ursprung eines Moments von Empathie wird anhand aktueller neurowissenschaftlicher Erkenntnisse, speziell durch *Spiegelneurone* in Kapitel **3.2.1** analysiert. An dieser Stelle soll mit Michael Tomasello der Ursprung der Empathie als evolutionärer Aus-gangspunkt des heutigen Menschen markiert werden. Dieser verortet die Weiterentwicklung des Frühmenschen *Homo* hin zum *Homo sapiens* auf vor circa 200.000 Jahren (vgl. Tomasello 2015, S. 12). Entgegen bisheriger Erkenntnisse argumentiert Nadia Zaboura, dass nicht die Fähigkeit zur Symbolik der Beginn der Kooperationsfähigkeit des Menschen sei. Der Zuwachs an Gehirnmasse sowie die Neu- und Umverschaltung von Neuronen solle voran als Basis von Kooperation, prosozialem Verhalten und somit als endgültige Abspaltung vom Menschenaffen gedacht werden. Erst durch „[…] *mirror mechanisms* […]" (Zaboura 2009, S. 79) [Hervorhebung im Original] aufgrund eines Systems von Spiegelneuronen könne Empathie und schließlich Symbolik entstehen: Ein basales *Auf-etwas-Zeigen*, welches sich künftig in ikonische Gesten wandelte. Ohne zu sprechen konnte fortan bewertet, vermittelt, verstanden und Handlungen aufeinander abgestimmt werden (vgl. Tomasello 2014, S. 80-94). Im Laufe der Evolution entwickelten sich

Spiegelneuronen-Systeme weiter zu einer aktuell komplexen und multidimensionalen körperlichen Befähigung zur inneren und äußeren Repräsentation, für Handlungs- und Zieldenken sowie der Entstehung von Resonanz durch Perspektivenwechsel im sozialen Beziehungsgefüge des Menschen (vgl. Zaboura 2009, S. 78-83). Für Tomasello stellen sie die Basis einer Koevolution von Kognition und Kooperationswillen des Frühmenschen dar. Kultur(en) konnte(n) entstehen und sich (weiter-)entwickeln. Heute besitze der Mensch eine „[...] kulturelle Intelligenz [...]" (Tomasello 2017, S. 13) und agiere in differenten Kulturen weitestgehend angemessen und mühelos (vgl. Tomasello 2017, S. 13).

Etymologisch hingegen ist eine einheitliche wissenschaftliche Definition des Terminus Empathie immer noch nicht greifbar. Zu komplex zeigen sich historische und aktuelle sowie curriculare und methodische Zugänge der unterschiedlichen Disziplinen. Im griechischen Wort „[...] ἐμπάθεια (empátheia) [...]" (Tometten-Iseke 2012, S. 21) scheint sich ein erster gemeinsamer Nenner finden zu lassen. In der wissenschaftlichen Forschung der letzten 100 Jahre, führt Anneliese Tometten-Iseke an, finde sich beispielsweise Theodor Lipps Begriff der „Einfühlung" (Lipps 1913, S. 8) als eines der prägendsten Synonyme für den späteren Empathie-Begriff (vgl. Tometten-Iseke 2012, S. 20f.).

Nachfolgend erscheint der Begriff Empathie anhand exemplarischer Konstrukte und Zugänge innerhalb diverser Disziplinen. Als physiologisches, im Gehirn verortetes Fundament, prägt die Empathie multidimensional in und durch verschiedene(n) Settings die menschliche Lebenswirklichkeit. Nochmals wird darauf hingewiesen, dass die Forschungsrichtungen zahlreiche Synonyme für das Wort Empathie verwenden und inhaltliche Überschneidungen oft zur Begriffsunschärfe führen.

3.2 Aktuelle Theorien über Empathie

3.2.1 Neurowissenschaft

Die in Kapitel **3.**1 erwähnten Spiegelneurone werden aus neurowissenschaftlicher Sicht primär als systemische Grundlage zum Verständnis von Emotionen, Handlungen und Reaktionen anderer begriffen. So sei es dem Menschen möglich, aus der *Ich*-Perspektive herauszutreten, durch den anderen in eine *Wir*-Perspektive einzutreten (vgl. Rizzolatti/Sinigaglia 2018, S. 14f.) und gesellschaftlich von „[…] geteilter Intentionalität […]" (Tomasello 2017, S. 11) zu profitieren. Zu ihrem Namen fanden die Spiegelneurone durch Experimente bei Affen in den 1990er Jahren. Bestimmte Neuronen der Affen feuerten, obwohl sie eine Handlung des Gegenübers *nur* beobachteten und *sie nicht selbst durchführten*. Das Gehirn simulierte die Beobachtung und aktivierte parallel Bereiche, die bis dato ausschließlich bei einer aktiven Ausführung einer Handlung als stimuliert zu beobachten waren (vgl. Zaboura 2009, S. 57-60) - eine physiologische Spiegelung des Anderen im Beobachter selbst. Im Gehirn finden sich unterschiedliche Systeme von Spiegelneuronen (auditiv, motorisch, visuell u. a.), welche sich innerhalb ihrer Gruppierung erneut differenzieren (beispielsweise der Sektor *Hand* und detaillierter die Handlung *Greifen* im Bereich Motorik) (vgl. Rizzolatti/Sinigaglia 2018, S. 91f.).

Somit sei es möglich, die Erfahrung des Pendent zu teilen und beispielsweise einen leichten Schauer oder Schmerz im Fuß zu spüren, wenn beobachtet werde, wie sich jemand den kleinen Zeh anschlage (vgl. Singer/Ricard 2015, S. 41). Im Laufe seines Lebens lege sich jedes Lebewesen durch Beobachten und Erleben ein expandierendes „[…] Wörterbuch der Akte […]" (Rizzolatti/Sinigaglia 2018, S. 107) zu, aus dessen Pool (an emotionalen, motorischen, visuellen, auditiven u. a. Erfahrungen und Handlungsmöglichkeiten) es fortan schöpfen könne.

Massimo Gangitano u. a. arbeiteten den signifikanten Unterschied des Spiegelneuronen-Komplexes zwischen Affen und Menschen heraus: Menschliche Spiegelneurone seien in einer steten Fusion mit motorischen Hirnrealen fähig, *zeitliche Abläufe* von Bewegungen und *Ziele* des gesamten Handlungsaktes zu dechiffrieren (vgl. Gangitano u. a. 2001, S. 1489-1492). Allerdings nehme die Stimulation entsprechend beteiligter Zonen im Gehirn beim Beobachten virtueller Handlungen (wie: auf einem Monitor zuzusehen) ab oder würden weniger bis nicht mehr aktiviert. Dennoch sei der Mensch fähig, die Bedeutung und die Intention von Handlungen *zu verstehen*. Für Rizzolatti und Sinigaglia wird das „[…] als ob […]" (2018, S. 143) zu einem „[…] Brain-Imaging […]" (ebd., S. 126), welches den Menschen erst befähige, sich angemessen sozial zu verhalten (vgl. Rizzolatti/Sinigaglia 2018, S. 126-136).

Dies deckt sich mit den Ausführungen und der Formulierung von Joachim Bauer und Otto Speck. Durch das Brain-Imaging erlange das menschliche Gehirn die Möglichkeit zum „ ‚social brain' " (Speck 2009, S. 137) [Hervorhebung im Original] welches primär nach positiver Anerkennung, Resonanz und Zuwendung strebe. Die Ausschüttung neuronaler *Antriebselemente* in Form von Botenstoffen wie Dopamin, Opioiden und Oxytozin (vgl. Speck 2009, S. 136) und somit die Aktivierung des Belohnungs-/Motivationssystems (am stärksten vernetzt in: „[...] (der) Amygdala […], […] (dem) Hypothamalus […], […] (und dem) mesolimbische(n) System […]" (Roth 2009, S. 156)) sei das oberste Ziel des menschlichen (Über-)Lebens (vgl. Bauer 2008, S. 25-27).

Doch um nicht zwangsläufig einem Dauerzustand von Empathie zu unterliegen, gebe es im System der Spiegelneurone einen Blockademechanismus. Dieser sortiere im Abgleich mit dem Wörterbuch der Akte, ob der Mensch Nachahmen, durch Nachahmung lernen oder sich in jemanden hineinversetzen solle, um sein oder das gesellschaftliche Ziel zu erreichen (vgl. Rizzolatti/Sinigaglia 2018, S. 148-154) (Baby ahmt Mutter nach, um Bindung aufzubauen; Kleinkind ahmt Mutter nach, um daraus zu lernen; Kind versetzt sich in Mutter, um sie zu trösten). Zudem könne Empathie nicht ohne Emotion erörtert werden, denn Akte eines Gegenübers lösen im Menschen stets auch Gefühle wie etwa Freude, Liebe oder auch Traurigkeit aus. Sie dienen dem Gehirn als Kompass, um zwischen Erinnerungen, realen Handlungen oder visuellen Akten auf einer Kinoleinwand zu unterscheiden. Eine reale Handlung, die im Menschen Angst erzeugt, muss zeitnäher bearbeitet und aufgelöst werden als das Erlebnis eines *Alienangriffes* in einem Kinofilm. Auch spiele die Beziehung möglicher Akteure zueinander eine Rolle. Das vor Ekel verzerrte Gesicht eines Feindes werde anders gewichtet als das eines Freundes, bei welchem mit hoher Wahrscheinlichkeit Mitgefühl erzeugt werde (ebd., S. 174-191).

Mit Singer und Ricard werden vorangegangene Thesen unterstützt und durch die „[…] *emotionale Ansteckung* [...]" (Singer/Ricard 2015, S. 41) [Hervorhebung im Original] intensiviert. Das emotionale Einfühlen sei eine Art *Pforte* zur Innenwelt des Individuums. Generell habe sie allerdings noch nichts mit weiterführenden Handlungsweisen zu tun. Diese erfolgen als eine Art *Filterleistung* erst später aufgrund vieler Faktoren, die es abzuwägen gilt. Auch hier scheint das Verhältnis von Anerkennung des Gegenübers als bedeutend. Der Mensch müsse um das Wohl des anderen besorgt sein, um danach Mitgefühl empfinden zu können und um sich daraufhin prosozial zu verhalten (vgl. Singer/Ricard 2015, S. 41f.). Empathie *muss* somit nicht, wie allgemein angenommen, zu positiven Handlungen führen aber es zeigt sich als *Quelle von Alternativen*. So sei *wahres* Mitgefühl, Kooperation oder leidminderndes Agieren nur aufgrund von Empathie möglich (ebd.). Deutlich wird der Bruch dieses (veralteten?) undifferenzierten Verständnisses sowie die Charakterisierung der Empathie (Empathie wäre generell etwas Gutes) als Exklusivität durch Empathie-Forschung bei Psychopathen. Sie seien fähig ihre Empathie ein- und auszuschalten. So sei es ihnen möglich, Empathie gezielt für Täuschungen oder Manipulationen zu instrumentalisieren (vgl. Dönges 2013).

Tania Singer hat im Zuge ihrer Mitgefühls- und Plastizitätsforschung in ihrer Funktion als Leiterin des Max-Planck-Instituts durch bildgebende Verfahren an Anfängern und Meistern von Meditation ermittelt, dass Empathie und Mitgefühl (als *Filterleistung*) von Empathie trainierbar sind. Der Begriff *Training*, in Bezug auf neuronale Strukturen oder allgemein physiologischer Komponenten des Menschen, mag einen faden Beigeschmack aufgrund der NS-Zeit hervorrufen, den sie allerdings durch ihre eigene Reflexion des Begriffs entkräftet. Für sie sei das Training nur auf freiwilliger Basis innerhalb einer entspannten Geisteshaltung möglich. Mitgefühlstraining solle statt eines Zielgedankens auf Anteilnahme fußen und „[…] nicht auf wetteifernden, überambitionierten oder rein erfolgsorientierten Motiven […], […] (es soll als) Wiederverbindung mit angeborenen Ressourcen verstanden werden […]" (Bornemann/Singer in: Singer/Bolz 2013, S. 34) (vgl. Singer/Bolz 2013, S. 33f.).

Empathie zeigt sich neurowissenschaftlich demnach als eine für den Menschen überlebenswichtige angeborene physiologische Grundausstattung im Gehirn. Neutral fungiert sie als Zugang in die Welt des Gegenübers. Erst durch die daraufhin empfundenen Emotionen durch das Spüren des Anderen folgen Handlungen oder mentale Zustände, welche als positiv oder negativ gewertet werden können. Empathie und Mitgefühl sind trainierbar (im Sinne Singers) und somit stellt sich die Frage, wie sich das Individuum mit seiner Empathie verhält, wenn es nach außen und in Kontakt mit seiner Gesellschaft tritt.

3.2.2 Soziologie

Innerhalb der Soziologie möchte diese Arbeit den Zugang zur Empathie anhand der wissenssoziologischen Konstruktion von *Wirklichkeit* und einer Theorie von George Herbert Mead *erschaffen*.

Berger und Luckmann vertreten die Meinung, dass Erkenntnisse über die menschliche Wirklichkeitskonstruktion mehr in den Fokus empirischer Forschung rücken sollen (vgl. 2018, S. 198). Ihre Definition von Wirklichkeit charakterisiert sich somit einleitend als ein intentionales „[...] Bewußtsein [sic!] von etwas [...]" (Berger/Luckmann 2018, S. 23) als Basis und Möglichkeit von Wirklichkeit. Mitmenschen, Situationen oder Objekte verlangen unterschiedliche Grade an Aufmerksamkeit, und so sei sich der Mensch der unterschiedlichen Wirklichkeiten um sich herum bewusst. Eine Wirklichkeit erster Ordnung sei jedoch die, in welcher sich der Mensch gerade selbst innerhalb seiner *Jetzt-Alltagswelt* erlebe, denn diese benötige primär seine stetige Aufmerksamkeit. Die Grenzen subjektiver Alltagswelt umschließen zusätzlich Varianten von Distanz, Nähe, Raum und Zeit in denen der Mensch agierte, agiere oder agieren möchte. Obwohl das Engagement für entferntere Alltags- oder Subwelten weniger eindringlich und geringer sei, herrsche ein Bewusstsein über „[...] eine intersubjektive Welt [...] die ich mit anderen teile" (Berger/Luckmann 2018, S. 25).

Auch sei die *Beziehung* zu einem Gegenüber von Angesicht zu Angesicht *wahrhaftiger* und flexibler als Kontakte in weiter Ferne. Den Anderen direkt vor Augen wird erkannt, was er ist, und nur durch die anschließende Rückwendung zum *Selbst* könne eine Abgrenzung zur Umwelt und eine Erkenntnis über das *Ich* des Menschen entstehen (vgl. Berger/Luckmann 2018, S. 23-26).

Der Andere verwandelt sich in Meads Theorie somit zum „*signifikanten Anderen*" (Dimbath 2016, S. 178) [Hervorhebung im Original], welcher durch das reziproke Beziehungskonstrukt innerhalb der nahen Alltagswelt (Eltern, Verwandte) (vgl. Berger/Luckmann 2018, S. 23-51) die Identifikation des (jungen) Menschen ermögliche (vgl. Dimbath 2016, S. 178). „Der Mensch wird, was seine signifikanten Anderen in ihn hineingelegt haben" (Berger/Luckmann 2018, S. 142). So werde ein Kind ein Teil seiner Gesellschaft (vgl. Dimbath 2016, S. 178).

Unter Berücksichtigung oben genannter Aspekte und Kompetenzen zur Wirklichkeitskonstruktion entsteht nun der fundamentalste Bezug zur Empathie durch die Fähigkeit zur Symbolisierung (siehe Kapitel **3.1**). Durch sie gelinge es dem (jungen) Menschen, beispielsweise im Rollenspiel, das *Ich* als *Objekt* zu konstruieren. Das Ich überschreite die Grenzen des Anderen, *werde* zu ihm und nehme seine Rolle ein (Polizist, Arzt o. ä.). „Das ist die einfachste Art und Weise, wie man sich selbst gegenüber ein anderer sein kann" (Mead 2013, S. 193). Eine Steigerung dieser Kompetenz erfahre der (junge) Mensch durch „[...] den verallgemeinerten Anderen" (Dimbath 2016, S. 177). Eine Teilnahme am organisierten Spiel mit mehreren Akteuren sei nur möglich, wenn differente Blickwinkel gegenüber anderen Menschen oder Merkmalen gesellschaftlichen Lebens eingenommen werden können (vgl. Dimbath 2016, S. 177).

Aus soziologischer Sicht ermöglicht die Empathie simultan ein Hineinwachsen in gesellschaftliche Strukturen und durch das *Hineintreten* in Andere einen essenziellen Beitrag zur Identitätsfindung des Individuums. Innerhalb von Gesellschaften und Kulturen findet sich der Mensch jedoch von unterschiedlichen Ausprägungen konstruierter Gesellschaftswirklichkeit umgeben. Exemplarisch wird folgend eine Auswahl davon aus dem empathischen Blickwinkel heraus analysiert.

3.2.3 Kulturwissenschaft

Aus erziehungswissenschaftlicher Perspektive lohnt sich der Blick auf das kulturwissenschaftliche Verständnis von Empathie. Die Pädagogik wird fortlaufend mit gesellschaftlichen reziproken Phänomenen konfrontiert, die in Beziehungsgefügen, gesellschaftlichen Systemen und in Subjekten wirken.

Die *weite* Definition von Empathie, das Einnehmen der Perspektive eines Gegenübers, findet sich auch bei Fritz Breithaupt. Als Definition einer Kulturtechnik verweist er zusätzlich auf eine zeitliche Komponente von Empathie. Ähnlich einer Erzählung oder eines Märchens versetze sich der Mensch in den anderen und *denke Situationen weiter* als eine Abfolge von Handlungen. Dieses spekulative Vorausahnen nennt Breithaupt „[…] Narration […]" (2017a, S. 10), welche ausdrücklich ein *Vorher* und *Nachher* benötige (vgl. Breithaupt 2017a, S. 11). Auf diese Weise liefert er einen ersten Erklärungsansatz um aufzuzeigen, dass Empathie (alltagsverständlich) nicht zwingend positiv konnotiert sein muss. Fehle der Bezug zur zeitlichen Komponente (wie etwa ein kurzer Einspieler im Fernsehen mit dem Bild eines hungernden afrikanischen Kindes) könne keine zuverlässige Vergangenheit bzw. keine Zukunft konstruiert werden (Weshalb fing das Kind an zu hungern? Ändert sich etwas an seiner Situation, wenn ich ein Essenspaket schicke?). Jemanden *nur* leiden zu sehen *erkläre* die Situation nicht (ebd.).

Für Breithaupt bedeutet dies eine Art Abnahme oder Blockade von Empathie. Andererseits, und das intensiviert seine Definition von Perspektivenübernahme, identifiziert er so zusätzlich den Antrieb von Empathie als eine Perturbation des momentanen Zustands des Subjekts. Eine plötzliche emotionale Aufmerksamkeit, eine Art Stau (Vorher und Nachher), der eine Filtermöglichkeit (wie etwa Helfen, Mittrauern) benötige, um sich zu regulieren (ebd., S. 8-12). Auch wenn der Mechanismus der Blockade moralisch zunächst hinderlich erscheint, schützt er das Subjekt offenbar vor einem Zustand lebenslanger, dauerhafter Perspektivenübernahme und somit vor emotionaler Überforderung.

Eine weitere Eingrenzung nimmt Breithaupt mit der Theorie zur Ähnlichkeit vor. Im Moment der Perturbation werde das Gegenüber auf der Suche nach Ähnlichkeiten *gescannt*. Diese Suche nach Ähnlichkeit verortet er als Anreiz und Startzeitpunkt von Empathie. Je unähnlicher dem Menschen etwas sei, umso mehr erwachse in ihm der Drang, Ähnliches zu finden; ja sogar, sich Ähnlichkeit zu konstruieren (ebd., S. 18-21). Schon David Hume wies dem Menschen einen angeborenen Drang zur Kategorisierung zu: Eine Suche nach Ähnlichkeiten, ein Vorher und ein Nachher, um Ursache und Wirkung assoziieren zu können (vgl. Hume 2015, S. 23-34).

Abschließend durchleuchtet Breithaupt die Empathie in Bezug auf kulturelle Phänomene menschlicher Verhaltensweisen und präsentiert synchron die Existenz negativ konnotierter Folge- und Handlungs-Konstrukte. Aus erziehungswissenschaftlicher Sicht scheinen die Phänomene der „[…] Helikoptereltern […]" (Breithaupt 2017b, S. 189), der „[…] Stage-Mothers […]" (Breithaupt 2017b, S. 191) und des „[…] Vampirismus […]" (ebd.) als bedeutsam. Ihnen allen sei ein gesteigertes Maß an Empathie-Fähigkeit und der verstärkte Blick in die möglichst positive Zukunft des Kindes (das Nachher) inhärent, welches jedoch zu unterschiedlichen Zwecken instrumentalisiert werde. Die generelle Alltags-Definition von Helikoptereltern betone das Nicht-gehen-können-lassen des Kindes. Doch durch die Empathie würden sie sich latent in das Kind hineinversetzen und (Leistungs-)Ziele beschließen, welche sie dem

Kind anschließend vorschreiben. Sie glauben, das Kind *fühle* sich *bestimmt* gut. Eine Steigerung dieser „[…] Wunsch-Empathie […]" (ebd.) erfolge durch den empathischen Vampirismus: Ein latentes dauerhaftes Mit*erleben* des Lebens des Anderen ohne Anteilnahme oder Respekt für das (längerfristige) Befinden der Person. Als massive Ausprägung führt er exemplarisch die Stage-Mothers an, welche die Erfolge der Kinder *spiegelnd* miterleben, ihr eigenes Befinden somit positiv steigern und (scheinbar) verpasste Chancen ihrer eigenen Kindheit (endlich) *in sich durchleben können* (vgl. Breithaupt 2017b, S. 189-199).

Die oben definierte Funktion des Blockademechanismus erscheint in allen Beispielen mangelhaft oder außer Kraft. Die *Dauer-Empathen* wirken fast nur der Zukunft zugewandt und konstruieren das Nachher nach eigenen Vorstellungen (und nicht mehr aus Sicht des Kindes oder des Anderen), sodass sie insgeheim selbst im Mittelpunkt stehen. Das Gegenüber dient ihnen als Kanal oder eine Art Wirt; das Beziehungsgefüge der Akteure gerät aus dem Gleichgewicht und es entstehen entsprechende Ausprägungen eines Machtgefälles. Doch welche Bedeutung besitzen Beziehungen oder Bindungen für den Menschen?

3.2.4 Erziehungswissenschaft

In der Erziehungswissenschaft als auch in der pädagogischen Praxis lässt sich die Bindungstheorie als eine der zentralsten Aspekte des aktuellen Erziehungsverständnisses verorten. Das Bindungsverhalten, so John Bowlby, hatte evolutionär eine Schutzfunktion vor Überfällen inne, aber tangiere auch aktuell immer noch die Themen Angst und Fremdheit. Es zeige sich als angeborenes, autarkes und lebensnotwendiges Verhaltenssystem, welches „[…] durch einen im Zentralnervensystem lokalisierbaren Regelkreis gesteuert (wird), vergleichbar der […] Regulierung physiologischer Kreisläufe, etwa des Blutdrucks oder der Körpertemperatur" (Bowlby 2018, S. 100), das sich durch die in der Kindheit entwickelten Bindungsmodelle als „[…] lebenslang(es) wirksames Persönlichkeitsmerkmal definiert" (ebd.). Dieses sei zwar eindeutig lebenslang prägend, jedoch generell durchaus flexibel und im Laufe des Lebens veränderbar.

Für Bowlby stellen Eltern die eindringlichsten und verlässlichsten Persönlichkeiten im Leben eines Menschen dar. Er betont hierzu, dass auch die in den Eltern verankerten Bindungsmodelle maßgeblich zur Persönlichkeitsentwicklung der Kinder beitragen. Für ihn fungiere die *Bindung* als ein latent stabiles Beziehungsverhältnis zu einem ausgewählten Personenkreis (wie etwa LehrerInnen), wohingegen das *Beziehungsverhalten* mit dem Bezug *Nähe* das direkte Verhalten in der Beziehung zu beispielsweise engsten Verwandten beschreibe. Die entscheidenden Punkte der Bindungstheorie wären zum Ersten das angeborene Verlangen des jungen und unerfahrenen Individuums *aktiv* die Nähe und die Hilfestellung erfahrener Personen zu suchen. Zum Zweiten tariere sich elterliche Fürsorge zur primären Aufgabe von Elternsein aus und fungiere zugleich als Grundbaustein menschlichen Pflegeverhaltens. Der dritte Aspekt umfasse das Explorationsverhalten in Richtung Umwelt. Generell steige der Grad an Exploration (der Kinder) mit dem Grad an Sicherheit von Bindungsverhalten (der Eltern) bzw. nehme mit dem Grad der Angst vor Trennung ab.

Bowlby verweist ebenso auf Mary Ainsworths Forschung, welche durch den jeweiligen kindlichen Umgang mit Trennungsangst und der Kontaktaufnahme mit fremden Personen Typisierungen von Bindungen erarbeitete. Wer sich sicher fühle und sich beispielsweise der Anerkennung und Hilfestellung der Eltern bewusst sei, könne entspannt und offen seine Umwelt entdecken. Die Gestaltung der Beziehung hinge jedoch in wesentlichem Maße von den (erfahreneren) Bezugspersonen ab (vgl. Bowlby 2018, S. 4-22 und 98-111). „Der feinfühlige Umgang mit Kindern erfolgt auf einem Kontinuum zwischen intuitivem Fürsorgeverhalten und bewusster Empathie.

Empathie kann „[…] (als eine) bindungsförderliche Fähigkeit betrachtet werden" (Drieschner in: Vogt/Tontsch 2017, S. 18). Elmar Drieschner erwähnt ebenso wie Bowlby die biographischen Bindungserfahrungen der Eltern oder pädagogischen Bezugspersonen. Diese sollen eindringlich reflektiert und dem Kind gegenüber gegebenenfalls modifiziert werden, da Bindung bzw. das Bindungsverhalten Bildung und Erziehung erst ermögliche. Abschließend hebt er die Bedeutung der Resonanz zwischen den Betreffenden hervor. Innerhalb dieses Resonanzraumes durch die Assistenz des Erwachsenen könne sich das Kind in Sicherheit ausprobieren, Gefühle verbalisieren, Erfahrungen bewerten und einordnen (vgl. Drieschner in: Vogt/Tontsch 2017, S. 18-20).

Empathie und Feinfühligkeit figurieren sich somit als essenzielle Relationen in der Interaktion zwischen Individuen und sollen wie in der Neurowissenschaft um das *Mit*gefühl erweitert werden. Als Abrundung einer erfolgreichen Bindung wird das Mitgefühl als positive konnotierte Folge für die weitere Bearbeitung verortet.

In der Dissertationsstudie von Renate Hüls sprachen die Teilnehmer größtenteils von „[...] sehr **förderlichen seelischen Vorgängen** [...] Zuversicht und Hoffnung [...] (und) **fast therapeutische(n) Auswirkungen** [...]" (2017, S. 9) [Hervorhebungen im Original] beim Empfang von Mitgefühl. Bekamen sie in schwierigen Situationen kein Mitgefühl entgegengebracht, fühlten sie sich meist „[...] hilflos, klein, ängstlich und [...] minderwertig [...]" (ebd.).

Mit Rückblick auf die Problemlage und den Forschungsstand dieser Arbeit wird mit Hüls untermauert, dass mitfühlende Zustände durch beispielsweise belastende oder stressbeladene Lebensumstände verhindert werden können. Doch so wie Singer argumentiert auch Hüls mit der Plastizität von Mitgefühl und hebt gleichzeitig das Potenzial sowie die *Vorbildfunktion* mitfühlenden Verhaltens hervor (vgl. 2017, S. 9f.).

Als Rekonstruktion der differenten Erkenntnisse aus den vorangegangenen Empathie-Entwürfen findet sich zum Abschluss dieses Kapitels eine eigens für diese Arbeit zugeschnittene Begriffsdefinition, um für die kommenden Ausführungen Richtwerte zur Orientierung kommender Argumente zu verorten.

3.3 Explikat

Empathie entsteht durch ein angeborenes, im Gehirn ansässiges, bildbares und dualistisches Spiegelneuronen-System von hoher Plastizität. Durch lebenslange Aktivität, Modifikation und Übung kann sie sich durch einen expandierenden empathischen Erfahrungspool zu einem exklusiven Persönlichkeitsmerkmal des Menschen entwickeln. Andererseits verliert sie durch geringen Einsatz oder Inaktivität an Potenzial. Der Grad an Empathie steigt mit dem Grad von Ähnlichkeit und Sympathie. Sie verfügt über einen Blockademechanismus als Schutz vor einem Zustand von Dauerempathie sowie als Scan von Wertigkeit. Zur effizienten Funktion benötigt sie Informationen über Raum und Zeit, welche sie idealerweise aus realen und direkt erreichbaren Settings filtert, um Klassifikationen vorzunehmen. Die Empathie besitzt eine Doppelfunktion. Zuvorderst dient sie anhand ihrer Schwellenfunktion als Türöffner in den momentanen Zustand des Gegenübers. Nach dem Eintritt ist das Einfühlen in den anderen und die Übernahme seiner Perspektive möglich. Nach einem Zurückspiegeln und einem Rückgriff auf eigene Erfahrungen, Emotionen, Wissen u. a. entsteht eine multidimensionale Fusion des Individuums mit allen ihm vorliegenden Informationen. Somit wurde Bedeutung erschaffen, ein ganzheitliches Verstehen wird möglich und eine adäquate Filterleistung wie idealerweise Mitgefühl kann hervorgebracht werden.

Weiterführende Begrenzung im Sinne der Erziehungswissenschaft:

Die Spiegelneurone bzw. die Empathie sind also eine primär neutrale Grundvoraussetzung 1. Ordnung für beispielsweise: Beziehungsgestaltung, Bildung, Bindung, Erziehung, Identitätsbildung, geteilte Intentionalität, Kooperation, Personalisation, Regulation, Sozialisation und Symbolverständnis.

In 2. Ordnung können sich Aktivitäten und Handlungen innerhalb der Kategorien der 1. Ordnung erst generieren und nachfolgend als positiv oder negativ für das Individuum, für Gruppen, für Gesellschaften oder Kulturen auswirken und/oder gewertet werden.

Empathie und das hieraus mögliche Mitgefühl als Filterleistung (= der Stressor *Emotionsstau* kann verarbeitet und abgebaut werden) beziehungsweise mögliche Folge von Empathie werden künftig als angestrebte und effiziente Symbiose betrachtet.

Nach dieser Präzisierung erfolgt eine Retrospektive in und um die Zeit des Nationalsozialismus`. Mit Janusz Korczaks außergewöhnlicher Biographie, seinem Verständnis von einer pädagogischen Beziehung und seinen Methoden kristallisiert sich im Folgenden heraus, weshalb eine Sondierung seines Erziehungskonzepts hinsichtlich empathischer und mitfühlender Charakteristika prädestiniert zu sein scheint. Um Korczaks Inhalte nicht zu verfälschen, wird seine Formulierung *der Erzieher* temporär übernommen und im folgenden Kapitel nicht gegendert.

4. Das Erziehungskonzept von Janusz Korczak

4.1 Janusz Korczak:
Biografie und pädagogische Verortung

Der Name Janusz Korczak fungiert als Synonym für den am 22. Juli 1878 (oder ein Jahr später) in Warschau geborenen Henryk Goldszmit. Erinnerungen, die auf seine Kindheit verweisen, seien rar gesät und nicht genau eingrenzbar. Es wird angenommen, dass er in einer behüteten, gut situierten bürgerlichen Kleinfamilie aufwuchs. Mehrere Faktoren, unter anderem der hybride Charakter als *jüdischer Pole* respektive *polnischer Jude* (vgl. Heben-streit 2017, S. 66f.) und seine Schulzeit, geprägt durch den Tod des Vaters oder auch die damals gängigen Züchtigungsmethoden (vgl. Bernhard 2017, S. 166) durch physische und psychische Gewalt stellten ihn, wie so viele damalige jüdische Polen, vor das Problem „[…] mit wem sie sich identifizieren und gegen wen sie sich abgrenzen sollte(n)" (Holzer 2007, S. 116). Zu vermuten ist, dass sich Korczak deshalb schon sehr früh (als Kanal zur Regulation?) dem Schreiben von Texten zuwandte und Interesse an der menschlichen Identitätsfindung entwickelte.

Laut Friedhelm Beiner habe Korczak eines seiner (später) berühmten Zitate schon als 17-jähriger verfasst: „›Die Welt reformieren heißt, die Erziehung reformieren‹" (Korczak in: Beiner 2018, S. 18) [Hervorhebung im Original]. „Die Emanzipation des Kindes machte er fortan zu seiner Lebensaufgabe" (2018, S. 19), so Beiner. Janusz Korczak studierte Medizin in Warschau. Danach arbeitete er zu unterschiedlichen Zeiten in Krankenhäusern, Kinderkliniken, führte eine eigene Kinderarztpraxis, gab Vorlesungen, wurde zweimal als Militärarzt in Kriegseinsätze abkommandiert und reiste nach Berlin, London und Paris, um dort Vorträge zu halten oder temporär zu praktizieren. Schon während seiner Studienzeit, zu Urlaubszeiten und während seiner Berufstätigkeit(en) nutzte Korczak seine freie Zeit, um sich ehrenamtlich sozial und wohltätig zu betätigen. In den Sommerkolonien – eine damalige Art von Ferienfreizeit für Kinder aus sozial schwachen Familien polnischer Großstädte – seien die vorwiegend negativen pädagogischen Erfahrungen letztendlich Korczaks Intention gewesen, sich bewusst der Pädagogik *hinzugeben* (vgl. Bernhard 2017, S. 166f. und Andresen 2018, S. 280f.). Seine Hingabe spiegelte sich in der Arbeit mit *seinen* Kindern, seiner Beziehungs*gestaltung* mit ihnen und seinem *gelebten Respekt* wider, welche(r) aus Beobachtungen, theoretischen Überlegungen und Reflexionen erwuchs.

Korczaks Hingabe endete, nachdem er sich unter anderem von 1912 bis zu seinem Tod 1942 um Waisenkinder sorgte. In *seinen* Waisenhäusern *Dom Sierot* und (später das) *Nasz Dom* (unter Leitung von Maryna Falska) kreierte er mit den Kindern und seinen Mitarbeitern selbstverwaltende (Kinder-)Gemeinschaften. Nachdem die deutsche Wehrmacht 1939 Polen einnahm, weigerte sich Korczak die stigmatisierende Armbinde für Juden zu tragen. Nach dem darauffolgenden Gefängnisaufenthalt musste er mit seinen Waisenkindern das Dom Sierot verlassen um in ein nahegelegenes Ghetto umzusiedeln. Nach Monaten unter menschenunwürdigen Zuständen wurden er, seine Mitarbeiterin *Stef* (Stefania Wilczyńska) und seine circa 200 Kinder am 5. August 1942 mit dem Zug ins Vernichtungslager Treblinka deportiert. Dort wurde ihm aufgrund seines öffentlichen Bekanntheitsgrades die Flucht angeboten, welche er umgehend ausschlug (vgl. Andresen 2018, S. 281f.). Janusz Korczak und Stef ließen die Kinder auch in ihren letzten und hoffnungslosesten Stunden nicht allein. Sie versuchten sie auf den gemeinsamen bevorstehenden Tod in der Gaskammer vorzubereiten und die Angst mit ihnen zu teilen.

Seit seiner Schulzeit dichtete, erzählte, schrieb, reflektierte und verarbeitete Janusz Korczak seine Beobachtungen, Erlebnisse und Erfahrungen im Laufe seines Lebens zu einem umfangreichen Gesamtwerk, welches, laut Beiner, aktuell posthum noch immer nicht komplett erschlossen sei. Die Anzahl und die unterschiedlichen Arten von Korczaks Kommunikationsmitteln (Radiointerviews, Bücher, Geschichten u. a.) aus seiner 40-jährigen Tätigkeit mache die Aufarbeitung seiner spezifisch erziehungswissenschaftlichen Aspekte nicht leicht (vgl. Beiner 2018, S. 8f.). Inhaltlich sowie synchron zur Zeitlinie platziert sich Korczak mit seinem Erziehungskonzept innerhalb der Reformpädagogik. Laut Bernhard indes in der aktualisierten Kategorie der *Demokratischen Reformpädagogik*. Die Reformpädagogik selbst bildete sich angesichts der Folgen der entstandenen Industrialisierungsgesellschaft zu Beginn als „[…] soziale Bewegung […]" (Bernhard 2017, S. 162) heraus. Ende des 19. Jahrhunderts wirkte sich das technologisierte *neue* Denken und Handeln (enges und urbanisiertes Zusammenleben, schlechte Arbeitsbedingungen, Kinderarbeit u. a.) auch auf das gesellschaftliche Leben und insbesondere auf das Leben der Kinder aus. Schulen waren durchzogen von starren und strikten Lernmechanismen die, so reformpädagogische Vertreter, „[…] künstliche Lebenswelten […]" (ebd., S. 161) erschufen und die Kinder dadurch von „[…] wirklichen Lebensprozessen […]" (ebd.) auf Abstand hielten. Durch diese Gefährdung der möglichen Identitätsbildung und Sozialisation forderten sie eine Pädagogik (vgl. Bernhard 2017, S. 160-162) *vom Kinde aus*. Das angestrebte Ziel der Reformpädagogik sei die positiv veränderte Gesellschaft durch die Veränderung der bisherigen Erziehung (vgl. Flitner in: Godel-Gaßner/Krehl 2017, S. 106). Bernhard hebt die Erziehung mit Hinblick auf die zukünftige Gesellschaft als besonderes Merkmal der Demokratischen Reformpädagogik hervor. Hierbei stelle die intensivierte Auseinandersetzung mit der Gestaltung intergenerativer pädagogischer Beziehungsverhältnisse zwar eine besondere Herausforderung, jedoch ebenso eine außergewöhnliche Perspektive dar. Ein demokratischer Umgang zwischen PädagogInnen und Zu-Erziehenden sei der erste Schritt zu einer demokratischeren Gesellschaft als auch zu verbesserten Lebensbedingungen (vgl. Bernhard 2017, S. 165).

4.2 Das Bild vom Kinde, die Rechte des Kindes sowie pädagogische Leitlinien

Was Korczaks Gedanken, seine Erziehungspraxis und sein Kinderbild verkörperte, war im Unterschied zu weiteren damaligen Reformpädagogen sein realistischer Blick auf Tatsachen und Lebenswirklichkeiten. Kontakte zu anderen Reformern seien rar gewesen, in damalige Diskurse brachte er sich nicht ein und distanzierte sich in späterer Literatur zunehmend von reformerisch-magisch anmutenden Kinderbildern – wie beispielweise das Kind als „Messias" (Montessori in: Wehner 2009, S. 3), welcher „[...] immer wieder unter die gefallenen Menschen zurückkehrt, um sie ins Himmelreich zu führen" (ebd.).

Für Korczak hätte ein Kind Schwächen und Stärken (vgl. Sobecki in: Godel-Gaßner/Krehl 2017, S. 116f.), es sei ein:

> „[...] Stäubchen [...] das empfindet, untersucht, duldet, begehrt, sich freut, liebt, vertraut, hasst, glaubt, zweifelt, an sich zieht und abstößt [...] (und es) umfasst mit seinen Gedanken alles: Sterne und Ozeane, Berge und Abgründe" (Korczak in: Andresen 2018, S. 3).

Korczak strebe weiterführend auch eine Umstrukturierung der erzieherischen Mechanismen der damaligen *Unmündigkeits*-Pädagogik an (vgl. Beiner 2018, S. 12):

> „Die ganze moderne Pädagogik trachtet danach, bequeme Kinder heranzubilden, sie strebt konsequent und Schritt für Schritt danach, alles einzuschläfern, zu unterdrücken und auszumerzen, was Willen und Freiheit des Kindes ausmacht, seine Seelenstärke, die Kraft seines Verlangens und seiner Absichten. Artig, gehorsam, gut, bequem, aber ohne einen Gedanken daran,

dass es innerlich unfrei und lebensuntüchtig sein wird" (Korczak in: Andresen 2018, S. 9).

Korczaks Ansatz scheint somit (immer noch oder schon wieder) höchst aktuell und hinsichtlich der folgenden Untersuchung als leistungsfähig, zumal sich Korczaks Metapher des kleinen aber doch so kompetenten Stäubchens aktuell in der Forschung zur frühen Bildung oder auch in der Darstellung des Kinderbildes im BayBEP widerspiegelt. Denn dort heißt es, Kinder seien ab der Geburt neugierige und forschende Akteure ihres eigenen Lebens, ausgestattet mit biologischen, kognitiven und mentalen Fähigkeiten, um mit ihrer Umwelt aktiv in Interaktion zu treten und sich zu entwickeln (vgl. BayBEP 2018, S. 11).

Es ergibt sich somit ein Kinderbild, welches als hoffnungsvoll, kompetent und realistisch umrissen werden kann. Kinder fühlen ebenso wie Erwachsene und besitzen das Potenzial die Welt zu verstehen. Folgend werden die Kernpunkte seiner Pädagogik der Achtung dargelegt. Hiermit transformierte er seine Kinderrechte durch deren dialogische Herausarbeitung per Ko-Konstruktion (siehe Kapitel **5.3.1**) an und mit den Kindern in die Praxis und somit in den von *allen* Akteuren *gelebten Alltag*. Durch dieses Talent zur reibungslosen Verschränkung von Theorie und Praxis tritt er in der (vor allem späteren) wissenschaftlichen Betrachtung in die paradoxe Rolle eines Menschenrechtsverteidigers und Menschenrechtsbildners während der Zeit des Dritten Reichs.

Die Erkenntnis:

„[…] dass Erziehung für Menschenrechte selbst ein Menschenrecht ist und eine unverzichtbare Voraussetzung für die Verwirklichung von Menschenrechten, Demokratie und Toleranz" (Fritzsche 2016, S. 181f.)

ist, wurde beispielsweise erst 1993 offiziell auf der internationalen Konferenz über Erziehung für Demokratie und Menschenrechte und 2000 in Deutschland, also erst über 50 Jahre nach seinem Tod innerhalb der Kultusministerkonferenz eruiert und verschriftlicht (vgl. Fritzsche 2016, S. 181 f.).

Bernhard beginnt die Einführung in Korczaks *Pädagogik der Achtung* mit dem Blick der Erwachsenen auf die Kinder, welcher durch Vorurteile fehlgeleitet sei. Sie betrachten Kinder durch eine normierte und verengte Sicht als unvollkommen hinsichtlich ihres zukünftigen gesellschaftlichen Daseins. Das von ihnen gewollte *So-sein-müssen* in der Zukunft der Kinder verhindere ihr explorierendes Erproben des *So-wollen-dürfen* in der Gegenwart. Das Kind sei bereits Mensch, es müsse nicht erst zu einem gemacht werden, und so entzünde Korczak eine neue Sicht auf das oben erwähnte hegemoniale Verhältnis zwischen Erwachsenen und Kindern – unter den Prämissen Demokratie und Gleichwertigkeit (vgl. Bernhard 2017, S. 168-171).

In Korczaks „[…] Charta der Grundrechte des Kindes […]" (Beiner 2018, S. 25) finden sich drei Grundrechte von Kindern, welche er 1919 veröffentlichte. „1. Das Recht des Kindes auf den Tod. 2. Das Recht des Kindes auf den heutigen Tag. 3. Das Recht des Kindes, das zu sein, was es ist" (Korczak in: Beiner

2018, S. 25). 1929 modifizierte er die Einzelrechte zu einem gebündelten Fundament unter (vgl. Beiner 2018, S. 25) „4. ›Das Recht des Kindes auf Achtung‹" (Beiner 2018, S. 25) [Hervorhebung im Original].

Das erste Recht, das *Recht des Kindes auf den Tod*, irritiert zunächst durch seine gnadenlose Formulierung. Korczak kritisiert hierin jedoch die Art von Überbehütung der erziehenden Akteure. Sie nehmen den Kindern dadurch die Möglichkeit körperliche, kognitive und emotionale Erfahrungen in und mit seiner Umwelt zu sammeln. „Das Bangen um das Leben des Kindes verbindet sich mit der Furcht, es könne sich verletzen" (Korczak in: Andresen 2018, S. 35). Kinder benötigen die ganzheitlichen Erfahrungen freier und selbstbestimmt getroffener Entscheidungen, wenn er schreibt: „Aus Furcht, der Tod könnte uns das Kind entreißen, entziehen wir es dem Leben; um seinen Tod zu verhindern, lassen wir es nicht richtig leben" (ebd., S. 34). Die Erwachsenen sollen das Bewusstsein von Verantwortung und den Willen von Kindern wecken und ihnen bei der Erprobung assistieren. Misserfolg solle nicht durch präventive bedrohliche Vermeidungsstrategien vorgebeugt, sondern konstruktiv begleitet werden (vgl. Beiner 2018, S. 25-28).

Das *Recht des Kindes auf den heutigen Tag* impliziert für Korczak einerseits die Anerkennung der gegenwärtigen Kindheit als Zeitraum und andererseits das *Jetzt am heutigen Tag*. Als Ganzes solle die Erziehung sehr wohl die Zukunft des Kindes im Auge behalten, jedoch nicht ausschließlich, nicht als Formung und nicht durch das Opfer des Verlustes gegenwärtiger Erfahrungsmöglichkeiten (vgl. Godel-Gaßner/Krehl 2017, S. 69), wie Korczaks vermeintlich ironischer Kommentar aufzeigt:

„Anstatt zu beobachten, um zu erkennen und zu wissen, nimmt man das erste beste Beispiel eines ›wohlgeratenen Kindes‹ und fordert von seinem eigenen Kind: Diesem Vorbild sollst du ähnlich sein. Es darf nicht sein, dass vermögender Eltern Kind ein Handwerker wird. Es mag lieber ein unglücklicher und demoralisierter Mensch aus ihm werden. Keine Liebe zum Kind, sondern Egoismus der Eltern, nicht das Wohl des Einzelnen, sondern die Ambitionen des großen Haufens, kein Suchen nach gangbaren Wegen, sondern die Fessel der Schablone" (Korczak in: Andresen 2018, S. 8) [Hervorhebung im Original].

Das Kind solle in seiner aktuellen Wirklichkeit ernstgenommen (vgl. Beiner 2018, S. 33) und seine Phase *Kindheit* müsse gewahrt und verteidigt werden (vgl. Godel-Gaßner/Krehl 2017, S. 69).

Korczaks drittes Recht, das *Recht des Kindes, das zu sein, was es ist*, dreht sich um die Individualität bzw. die Identitätsentwicklung des Kindes. Ein bedrohlicher gesellschaftlicher Blick von oben wie etwa ein Idealtypus eines Kindes unterdrücke und überlagere dessen faktische Kompetenzen und sein Potenzial sich individuell entwickeln zu können (vgl. Beiner 2018, S. 35 f.). Korczak prangert erneut das fehlende wahrhaftige Interesse und den fehlenden Respekt vor dem kindlichen Gegenüber an: „Artig, gehorsam, gut, bequem, aber ohne Gedanken daran, dass es innerlich unfrei und lebensuntüchtig wird" (Korczak in: Andresen 2018, S. 9).

Obiges Zitat leitet über in Korczaks *Recht des Kindes auf Achtung*, welches, so umschreibt es Beiner, im Gleichklang mit dem aktuell ersten Artikel des Grundgesetzes der Bundesrepublik Deutschland mitschwinge (vgl. 2018, S. 47): „Die Würde

des Menschen ist unantastbar" (Fritzsche 2016, S. 51). Es um-
hüllt die Rechte 1.-3. und stellt zugleich deren Ausgangsbasis
dar. Für Korczak gab es offenbar keinen Zweifel: Dem Kind
steht ab seiner Geburt Anerkennung zu und diese muss es sich
nicht erst verdienen!

In Anlehnung an Fritzsches Aufzählung von Merkmalen
der aktuellen Definition von *Menschenrechten* finden sich bereits viele der elf Merkmale in Korczaks Charta wieder wie beispielsweise „1. angeboren und unverlierbar […] 3. individuell
[…] 4. egalitär […] 5. moralisch […] 7. politisch […] 8. univer-
sell […] (und) 11. kritisch" (Fritzsche 2016, S. 18 f.).

Gelebt, gehandelt, systemisch modifiziert und (schriftlich)
verankert wurden die Rechte vor allem in den beiden Waisenhäusern durch die Initiierung unterschiedlicher Einrichtun-
gen von Organisationseinheiten, die die Kinder zur „Selbster-
ziehung" (Godel-Gaßner/Krehl 2017, S. 79) und zur „Achtung
ihrer Rechte" (ebd.) animieren solle (vgl. Beiner 2018, S. 63-65).
Es gab beispielsweise ein *Schwarzes Brett*, einen internen *Brief-
kasten*, ein *Regal für Fundsachen*, einen kleinen *Krämerladen*, eine
Zeitung und *Tagesdienste*, die jeder einmal ausführen musste.
Des Weiteren gab es eine *Betreuungskommission*, die Tipps für
den gemeinsamen Umgang aussprach, eine *Versammlung*, um
direkt Vorhaben oder auch Probleme anzusprechen und ein
wöchentlich stattfindendes *Kameradschaftsgericht* mit einem
ausgearbeiteten *Gesetzbuch* und *Richtern* (vgl. Korczak in:
Andresen 2018, S. 222-237).

In allen Einheiten spiegeln sich Korczaks Regeln als auch
seine Prinzipien wider, welche die Einordnung in die demokratische Reformpädagogik untermauern. Neben alltäglichen
Zielen wie Verbesserung der Schrift, das Einüben von Geduld,
das Lernen der Uhr u. a. sollen die Kinder sich durch die Entwicklung von „Gemeinschaftssinn" (Bernhard 2017, S. 177)

und dem Einüben gesellschaftlicher Abläufe und Regeln in vergemeinschafteter Sozialisation üben. Durch Anerkennung, Respekt und Verantwortung werde etwa „Konkurrenzkampf" (ebd.) vorgebeugt. Auch könne ein verbessertes Artikulationsvermögen zu mehr Durchsetzungsvermögen und Selbstbewusstsein führen. Hand in Hand ginge hierbei ein möglicher Ansporn der „Selbstregulierungsfähigkeiten [...] (und) Problemlösungspotenziale" (ebd., S. 178) einher (vgl. Bernhard 2017, S. 176-178).

4.3 Das (Vor-)Bild des Erziehers und der Beziehungsgestaltung

Mit dem Profil des Erziehers steht und fällt Korczaks Konzept. Als ältere und erfahrenere Person obliegt ihm die Auswahl der Curricula, diverse Entscheidungsbefugnisse und das Sicherstellen des Wohlergehens der Kinder. Er solle keine Objekte manipulieren, sondern sich als Pendant eines anderen lebendigen Wesens betrachten (vgl. Beiner 2018, S. 22): „Ein Erzieher, der nicht einpaukt, sondern etwas freilegt, der nicht ausquetscht, sondern formt, nicht diktiert, sondern lehrt, nicht fordert, sondern anfragt" (Korczak in: Andresen 2018, S. 79). Die Erziehung der Kinder könne erst gelingen, wenn der Erzieher bereit sei, sich selbst durch und in der Interaktion mit den Kindern zu bilden, zu reflektieren und sein Denken und Handeln dementsprechend zirkulär zu modifizieren (vgl. Beiner 2018, S. 52f.). Denn für Beiner liegt die Effizienz von Korczaks Vermächtnis für die Pädagogik zum einen an seinem interdisziplinären und umfangreichen Erfahrungsschatz von fast 50 Jahren und seiner darin gewonnenen wissenschaftlichen Vorgehensweise. Zum anderen an seiner disziplinierten, engmaschigen und kongruenten Symbiose von „theoretischer Reflexion" (Beiner 2018, S. 97) und der daraus begründeten Handlungspraxis (vgl. Beiner 2018, S. 95-97). Ausschlaggebend hierbei sei das Ablegen vorherrschender hierarchischer Beziehungsvorstellungen und der Eintritt in ein „[…] dialogische(s) Verhältnis […]" (Beiner 2018, S. 57) [Hervorhebung im Original]. „Die pädagogische Beziehung ist […] im Kern eine Begegnung eines älteren Menschen mit einem jüngeren Menschen […] (mit) weniger Lebenserfahrung […]" (ebd.) [Hervorhebungen im Original] der die gleiche Würde besitze (vgl. Beiner

2018, S. 56f.). Als elementarste Kompetenz einer demokratischen Beziehung sieht Korczak die Empathie, um in den Dialog mit dem Kind *einzutreten*.

Beiner bündelt Korczaks Methoden und spricht ähnlich wie Lipps von „[…] Pädagogische(r) *Einfühlung* […]" (Beiner 2018, S. 99) [Hervorhebung durch die Verfasserin]. Durch diesen Perspektivenwechsel seien weitere seiner Methoden wie Beobachten, Deuten, oder Interpretieren erst möglich (vgl. Bernhard 2017, S. 178 f.). Das Denken des Kindes wäre dem Erwachsenen strukturell ähnlich, dennoch fühle es anders. Um der Blackbox Kind/Mensch etwas zu entlocken, wie Korczak notiert, und den „[…] Pfad ins Wunderland des Kindes […]" (Korczak in: Beiner 2018, S. 113) zu erreichen, müsse der Erzieher den *Augenblick* des Kindes (mit-)erleben. Infolgedessen könne er durch Beobachtungen und Evaluation und deren Deutungen als auch durch sokratische Interaktionen das Kind und dessen Bedürfnisse *erforschen* (vgl. Beiner 2018, S. 100-113).

Mit Beiner wird das Kapitel um Janusz Korczaks Konzept beendet. Er konstatiert in Korczaks Sinne: Für den Erzieher seien die beruflichen Anforderungen mit hohem Kraftaufwand verbunden. Ein (vor allem junger) Erzieher solle sich nicht in Perfektionismus verlieren (vgl. Beiner 2018, S. 135). Er sei ein Vorbild, und bevor er Kindern Rechte und Pflichten auferlege, müsse er über sich selbst reflektieren, sich seiner Fähigkeiten und Kompetenzen bewusstwerden und mit seiner Leistungsfähigkeit und Energie haushalten (vgl. Korczak in: Andresen 2018, S. 121-125). Als Erzieher benötige es Herz, Eifer und Mut, um (andere) Perspektiven einzunehmen oder zu variieren und er ermutige, sich anhand dieser Vorgaben auf das Erziehungs*abenteuer* einzulassen (vgl. Beiner 2018, S. 133-135).

Der Erzieher dürfe nie vergessen, dass er einen Weggefährten besitze, auf den er sich rückbesinnen könne: „›Du hast einen wunderbaren Bundesgenossen, einen Zaubergeist – deine Jugend‹" (Korczak in: Beiner 2018, S. 135) [Hervorhebung im Original]. Die Reflexion der eigenen Biographie (vgl. Beiner 2018, S. 134f.) verwandelt sich in diesem Sinne in ein professionelles Instrument für Erzieherinnen und Erzieher.

4.4 Kritische Gedanken

Trotz der aktuellen Anerkennung, die Korczak für sein Schaffen erhält, wie für die kritische Analyse von Bildung und Erziehung im Sinne einer aufgeklärten, modernen Pädagogik (vgl. Bernhard 2017, S. 180) oder für die beharrliche progressive Umsetzung seiner Prinzipien, welche er nicht nur proklamierte, sondern durch Taten sprechen ließ (vgl. Beiner 2018, S. 7 und 11f.), erscheint mit Hermann Giesecke auch eine kritische Stimme.

Speziell auf die pädagogische Beziehung bezogen führt er an, dass Korczak schon zu Lebzeiten für seine übermäßig empfundenen Evaluationen von einigen seiner Studenten kritisiert wurde. So stehe die (psychologische) Frage im Raum, ob sich Korczak nicht zu sehr mit *seinen* Kindern identifizierte und/oder versuchte, darin seine eigene (schwierige) Kindheit zu bewältigen. Zumal sein Leben als mönchsgleich und spartanisch beschrieben wird – ganz auf die Kinder und die Arbeit mit ihnen fixiert. Ohne die Kinder sei Korczak die Erstellung seines umfassenden Werkes niemals möglich gewesen. Seine (emotional) distanzierte Art, die scheinbar wie die eines Organisators anmutete und die er nur ablegte, wenn sich ein Kind in einer sehr schwierigen Situation befand und Trost brauchte, ließe darauf schließen, dass er nicht ganz selbstlos agierte. Doch was es auch war, anerkennt Giesecke, dass die Kinder keinen Schaden nahmen und sich ihr Leben im Gegensatz zu einem Leben ohne Korczaks Bemühungen qualitativ deutlich besser gestaltete. Kritik ernte Korczak mit seinem Erziehungskonzept auch durch das Fehlen einer übergeordneten Substanz, aus der sich Prämissen ableiten ließen, wie etwa ein pädagogisches Konzept. Deshalb habe er sich dem Kinde zugewandt und Inhalte oder Ziele als Reaktion konstruiert. Giesecke formuliert dies als Fundament auf „[…] schwankendem Grund, der nichts Pädagogisches lehrbar macht und in einem hohen Maße auf Spontanität und Intuition sowie auf situative Einfühlung angewiesen […]" (1999, S. 170) sei. Er ordnet hierbei ebenso die Menschenrechte und Korczaks scheinbar persönliche Befindlichkeiten mit ein (vgl. Giesecke 1999, S. 169- 172).

Doch erscheint nach all diesen Punkten auch die Frage, ob nicht gerade Korczaks Orientierung an den Menschenrechten und seinen Kinderrechten genau diese (fehlende) übergeordnete Konstruktion gewesen sein könnte! Denn das Merkmal der *Angeborenheit* zeigt sich als das *erste* und *fundamentalste* Recht zu Beginn des menschlichen Seins, also ab der Geburt (je nach Tendenz der Anerkennung). Es ist das Recht „[…] überhaupt Menschenrechte zu haben" (Fritzsche 2016, S. 19). Es berühre als *Anerkennung* die Basis pädagogischer Beziehungen anhand der Betrachtung von Abhängigkeiten, Empathie, Hierarchien, Humanität, Mitgefühl, Würde und der Ausbildung von Selbstachtung. Anerkennung sei lebensnotwendig, so Prengel (vgl. 2019, S. 33 und 61f.).

In den folgenden Kapiteln findet eine ganzheitliche Betrachtung aller bereits vorhandenen Inhalte statt und es wird unter anderem der Versuch unternommen, Korczaks Verständnis durch die Assistenz der Empathie auf einen weiteren Aspekt hin zu untersuchen: Vielleicht lohnt sich die Suche nach einer primären, *tief* liegenden Substanz statt einer übergeordneten Orientierung als konzeptionellem Anker? Einer radikal elementaren *Substanz* als Leitstruktur und notwendiges Merkmal einer professionellen pädagogischen Beziehung – die Würde.

5. Die Darstellung der Funktionen und Perspektiven von Empathie anhand exemplarischer Beziehungskomponenten

5.1 Der professionelle Beitrag empathischer ErzieherInnen zur pädagogischen Beziehung

5.1.1 ErzieherInnen und die Frage nach der Soll-Qualität

ErzieherInnen stellen anhand ihrer Soll-Qualitäten den ausführenden Dreh- und Angelpunkt zur Erfüllung arbeitsrechtlicher, gesetzlicher, hygienischer oder auch konzeptioneller (Staat, Träger, Leitung o. ä.) sowie möglichst ganzheitlich pädagogischer Anforderungen und Erwartungen für die Zu-Erziehenden dar.

Wie auch der BayBEP hebt die KMK in ihrem Qualifikationsprofil zur Ausbildung die Entwicklung der professionellen Haltung als personale Kompetenz hervor. Die Reflexion allgemein als auch ihr Blick hinsichtlich Ressourcenorientierung und Weiterentwicklung solle geschärft werden. Kompetentes pädagogisches Handeln setze Selbständigkeit und Sozialkompetenz voraus, welche im Verständnis von lebenslangem Lernen als Prozess beispielsweise auch die Weiterbildung nach der Ausbildung beinhalte (vgl. KMK 2017, S. 12).

Unter anderem würden durch zugewonnenes Wissen „nichtstandardisierbare [sic!]" (Rudolph 2012, S. 12) *krisenhafte* Situationen leichter bewältigt werden (vgl. Rudolph 2012, S. 12). Mit Ulrich Oevermann soll *Krise* als ein latenter und genereller Zustand von Lebensbewältigung verstanden werden, der pathologische und somit therapeutisch behandlungsbedürftige Krisensituationen ausschließe. Eine Profession gründe sich aus der Assistenz, Laien bei lebenspraktischen Problemlösungen zu unterstützen. Diese Art von Krise umfasse die Wirklichkeit der Erziehenden als Beistand oder Stellvertretung und der der Zu-Erziehenden als gleichermaßen krisen*behaftet*. Paradoxerweise bringe diese Stellung der PädagogInnen innerhalb dieses „Arbeitsbündnisses" (Oevermann in: Kraul u. a. 2002, S. 27) sie wiederum selbst in eine prekäre Lage: „In solchen Fällen befinde sich die Routine der Expertise selbst in einer – sekundären – Krise. […] (E)ine zu lösende Geltungskrise […] (des momentanen) methodisierte(n) Wissen(s)" (ebd.). Hieran macht Oevermann die Professionalisierungs*bedürftigkeit* der Dienstleitung *pädagogische Praxis* fest: Genuin sei der Beziehung der Akteure ein „Handlungsproblem" (ebd., S. 20) inhärent (vgl. Oevermann in: Kraul u. a. 2002, S. 20 und 23-27). Als prägende Bezugspersonen (siehe Kapitel **3.2.4**) sei die Reflexion über die Qualität der pädagogischen Beziehung und deren Folgen für alle Beteiligten, sowohl für sich selbst als auch für die Gesellschaft, bedeutsam (vgl. Prengel 2019, S. 17f.). Hierbei werden die Reichweite und die Relevanz einer zugleich sensibel anmutenden Arbeitsanforderung sichtbar.

An Erziehung beteiligte Akteure, so Fritz Schütze, vor allem jedoch PädagogInnen und Zu-Erziehende, finden sich, durch ein hierarchisches Gefälle von Erfahrung und Einfluss, letztendlich stets in einem latent verletzbaren Vertrauensverhältnis wieder (vgl. in: Combe/Helsper 1996, S. 185). Diese Meinung vertrat auch Korczak (siehe Kapitel **4.3**). Für die Fachkräfte bedeute dies (jedoch auch), dass sie Interaktionen und Verhältnisse emotional so distanziert gestalten, dass beispielsweise (tägliche) Abschiede oder Übergänge für alle Beteiligten keine Verbitterung nach sich ziehen und zugleich, dass sich Kinder und Jugendliche in ihrer emotionalen Regulation professionell begleitet vorfinden (vgl. Giesecke 1999, S. 251). Ein grundsätzlicher „Wissensvorsprung der Professionellen" (Schütze in: Combe/Helsper 1996, S. 184), der auf Wissenschaftlichkeit fuße, betone die Dringlichkeit sich qua Ausbildung und „berufliche(r) Sozialisation – mit zu erwartenden Rollenmustern, Karrieregängen, Statuspassagen – eine spezifisch biografisch gewonnene professionelle Identität (zu) entwickeln" (ebd., S. 185) (vgl. Schütze in: Combe/Helsper 1996, S. 185).

An dieser Stelle zeigen sich aufgrund des Explikats (siehe Kapitel **3.**3) zunächst drei Berührungspunkte hinsichtlich Professionalität und Empathie in Bezug auf pädagogische Fachkräfte. Zum Ersten figuriert sich die Empathie in real-situativen Momenten sowie in temporären pädagogischen Beziehungsverhältnissen als Wahrnehmung (Raum und Zeit), als Sieb der Informationen und Bestätigung (Beachtenswert: Ja/Nein) durch den Blockademechanismus (Türöffner) und als Orientierung (Perspektivenübernahme). Zum Zweiten als Reflexion (Zurückspiegeln) der Informationen in der Erzieherpersönlichkeit und zum Dritten als Bindeglied von Verknüpfung und Verarbeitung mit dem bereits bestehenden individuellen Wissenspool empathischer Erfahrungen und vorfindbarem Allgemein-, Fach- oder Sachwissen aus der beruflichen und/oder persönlichen Biografie. In der Summe kann somit adäquates Handeln als Folge innerhalb der 2. Ordnung generiert und beispielsweise wie bei Korczak (siehe Kapitel **4.**3) modifiziert werden. Doch was findet sich in aktuellen Studien zur Professionalität (Ist) von ErzieherInnen? Und wie erscheint die Empathie darin?

5.1.2 ErzieherInnen und die Frage nach der Ist-Qualität

ErzieherInnen werden laut einer Studie der Techniker Kran-kenkasse noch vor Atemwegserkrankungen aufgrund psychi-scher Belastung überdurchschnittlich oft krankgeschrieben. Somit befanden sie sich im Jahr 2014 mit vier Fehltagen mehr über dem Bundesdurchschnitt. Die Krankenkasse macht paral-lel auf die Komplikation des hohen Krankenstandes als weitere Überbelastung für die Ausgleichsleistung der (noch) gesunden arbeitenden KollegInnen aufmerksam (vgl. ZVBV e. V. 2015). Auch die Studie von Bernd Rudow im Auftrag der Gewerk-schaft Erziehung und Wissenschaft Baden-Württemberg über *Belastungen und der Arbeits- und Gesundheitsschutz bei ErzieherIn-nen* zeigt deutlich, dass emotionale und psychische Überlas-tung eines der primären Probleme des Berufstandes darstellen. Die Belastungen entstehen vor allem durch den zu hohen Lärmpegel, zu große Gruppengrößen bzw. Personalmangel als auch durch die steigende Anzahl verhaltensauffälliger Kinder (vgl. Rudow 2004, S. 4).

Somit können sich im beruflichen Alltag von Erzieherinnen und Erziehern zwei Gruppen von empathisch-defizitären Be-troffenen intergenerational gegenüberstehen. Hier besteht die Gefahr eines interdependenten Teufelskreises, und es folgt die Frage nach der Resilienz und den Ressourcen der Fachkräfte zur erfolgreichen Bewältigung ihrer Berufsrolle. Einerseits müssen entsprechende Situationen akuter Momente bewältigt werden und andererseits sollen längerfristige Beziehungen wohlwollend für die Kinder und Jugendlichen arrangiert wer-den.

Als Einschub aus der Didaktik wird John Hatties Ertrag über die offenbar wichtige Bedeutung der Lehrerperson eingefloch-ten, wenn er anführt, dass die Klarheit des Lehrers und der Stil

der Beziehung zwischen Lehrern und Schülern hohe Effekt-
stärken (= Leistungssteigerung) in 229 Studien aufwiesen (vgl.
Hattie 2018, S. 131 und 151). Und wenn Sylvia Oehlmanns Ergebnisse aus der *Studie zu den Kinderbildern von Lehrkräften und
Erzieherinnen* konkludiert werden, belegen ihre Untersu-
chungsergebnisse eine starke selbstreferentielle Verfasstheit
von PädagogInnen. So seien etwa das Kinderbild, diverse
Handlungsbegründungen oder die Wahrnehmung von Ge-
mütszuständen oder Anzeichen von Überbelastung bei Zu-Erziehenden mitunter abhängig von den Erfahrungen der eigenen Lebens- und Arbeitsbiographie. Ebenso werden die Kinder intensiver wahrgenommen, je mehr sich ihre Alltagswelt
mit denen der Erziehenden decke (vgl. Oehlmann 2012, S. 276-
280).

Dies befördert die Tragweite von Empathie als biografischer
Fakt zu Tage und es erfolgt der Schluss, dass sich ein professio-
nell-wissenschaftliches Verständnis von Empathie für Erzieher-
rInnen im Berufsalltag effektiver auswirken kann.
Im Sinne eines lebenslangen Berufsbildungsprozesses findet
sich parallel der Anspruch die professionelle Kompetenz Empathie zu pflegen und weiterzubilden. Anhand des Abschluss-
berichts zur *Studie zur Kompetenz und Zufriedenheit von Erzieher-
rInnen in Niedersachen* konnte durch zwei Befragungswellen einerseits evaluiert werden, dass sich ErzieherInnen mit mehr
als acht Jahren beruflicher Tätigkeit in den Bereichen *Erho-
lungsunfähigkeit* mit 23,3% und *emotionale Erschöpfung* mit 37%
als Risiko und mit 4,3% als behandlungsbedürftig ansiedeln.
Beim Thema *Weiterbildungsbereitschaft* konnte ebenso eine Abnahme im Verhältnis zur Dauer der Berufstätigkeit aufgezeigt
werden (vgl. Schneewind u. a. 2012, S. 16f. und 25).

Folglich stehen sich Empathie und Mitgefühl als genuines
pädagogisches *Wollen* und *Sollen* und das *(Nicht-)Können* als

66

langfristige berufliche und persönliche Ressource gegenüber. Um als pädagogisch-professionelle Kompetenz gelten zu können, sollte Empathie primär vorrätig und abrufbar sein. Die obigen Ergebnisse lassen den Schluss zu, dass dies nicht immer der Fall sein muss. Somit kann innerhalb der Erzieherpersönlichkeit eine Diskrepanz zwischen beruflicher Pflichterfüllung und persönlicher Leistungsfähigkeit entstehen. Durch ein *Fehlen* (aus unterschiedlichen Gründen ist kein Einfühlen oder kein Perspektivenwechsel oder kein Zurückspiegeln möglich) von oder ein *Übermaß* (keine adäquate Filterleistung, die von anderen in sich empfundene Freude oder Leid abbaut = Stau = Stress) an Empathie kann Frust und Stress entstehen (vgl. Friesinger 2018, S. 23) und der belastende Teufelskreis kann nicht durchbrochen werden.

Empathie und Mitgefühl könnten nun für den weiteren Verlauf durch ihre förderbaren neuronalen Netzwerke im Sinne Singers für ErzieherInnen als professionalisierungs*fähig* und nach obigen Ergebnissen in entsprechenden Fällen auch als professionalisierungs*bedürftig* gelten. Generell wirkt die Trainierbarkeit von Empathie und Mitgefühl als induktives Autoritätsargument wie ein umgekehrtes Totschlagargument. Es zeigt sich allerdings auch so lange als Innovationsargument, bis weitere Forschungsergebnisse generiert und ausgewertet werden können, obwohl der Einbezug der Neurowissenschaften in geistes- und sozialwissenschaftliche Diskurse als „Neuroimaging" (2015, S. 21) Felix Hasler Unbehagen bereitet. In seinen Ausführungen erklärt er bildgebende Verfahren für Laien verständlich und deckt mögliche Fehler in Forschungsverfahren oder entsprechenden Auswertungen auf. Als besonders aussagekräftiges Argument bringt er an, im „[...] Zeitalter der biologischen und molekularen Psychiatrie scheint es psychisch belasteten Menschen immer schlechter und nicht besser zu gehen" (ebd., S. 228). Auch beschreibt er die Forschungen zum Thema *Bewusstsein* als verfranst und zweifelt entsprechende Ergebnisse an, wenn es mittlerweile nötig sei, das Bewusstseins-Problem durch „Neuroquantology" (ebd., S. 76) (quantenphysikalisch) anzugehen (vgl. Hasler 2015, S. 21, 47-51, 70-76 und 228).

Dennoch wird Singers Argumentation weiterhin gleichrangig neben anderen bisherigen Forschungsergebnissen betrachtet. Denn einerseits befördert(e) die Forschung um das Netzwerk der Spiegelneuronen fortschreitend seit ihrer Entdeckung systematisch aufeinander aufbauende differenzierte Erkenntnisse zu Tage (siehe kumuliert unter Kapitel **3.2.1** dargestellt), andererseits unterliegt sie der Neurobiologie und nicht der „Neuro-Philosophie" (Hasler 2015, S. 69), da sie sich zumindest physisch nachweisen lassen kann/könnte (Ethik!). Zudem kritisiert auch Speck Gefahren, wie etwa die „[...] biologische Kartierung [...]" (2009, S. 153) für die Erziehungswissenschaft, denn diese könnte die sich durch eine Abnahme des Glaubens an Erziehungschancen oder therapeutischen Hilfen und Manipulation durch Stigmatisierung von Kinder und Jugendlichen äußern. Er verweist allerdings auch auf die offene Natur des Menschen, mit der die Pädagogik genuin konfrontiert wäre. Die *Blackbox* Mensch bedeute stets auch Skeptizismus und Reflexion für die Pädagogik. Somit müsse eine Balance zwischen den für ihn durchaus bedeutenden neurobiologischen Erkenntnissen und der pädagogischen Theorie und Praxis angestrebt werden (vgl. Speck 2009, S. 152-156).

Demnach kann geschlussfolgert werden, dass, auch wenn es klassifizierbare Ergebnisse aus der Bewusstseinsforschung gäbe, sich die Erziehungswissenschaft nie endgültig *darauf aus-ruhen* dürfe. Und da sich Tanja Friesinger mit dem *Selbstempathischen Ansatz* ebenfalls auf neurowissenschaftliche Erkenntnisse stützt und in ihrer praktischen Erfahrung ebenso einen Ausbau empathischer Kompetenz bei pädagogischem Fachpersonal in Weiterbildungen feststellen konnte, scheint die Neurobiologie durchaus eine ertragreiche Informationsquelle zu sein. Friesinger sieht hierin den (auch defizitären) Ist-Zustand von PädagogInnen als Perspektive zur Eigenverantwortung bezüglich des Bildungsauftrages aller Beteiligten. Der Selbstempathische Ansatz berücksichtige neben Empathie, Mitgefühl und *Selbstempathie* auch den Kernpunkt Resilienz. Zusätzlich kritisiert sie eine fehlende Gefühlserkennung bzw. ein fehlendes Gefühlsbewusstsein in Bildungseinrichtungen. Durch die Akzeptanz und das Training von Selbstmitgefühl der pädagogischen Fachkräfte sich selbst gegenüber, könne Mitgefühl auch bei anderen effektiver gefördert werden. Sie erhebt allerdings keinen Hoheitsanspruch der Empathie-Thematik, sondern betont ausdrücklich, dass Sempathie eine anzustrebende Idealkompetenz darstelle, welche sich aus verschiedenen Komponenten zusammensetze. Pädagogisch betreute Kinder seien nicht gefeit vor Beschämung, Ausgrenzung oder Machtmissbrauch durch ErzieherInnen (vgl. Friesinger 2018, S. 6-14). Korczak zeigt hier einerseits Verständnis, fragt aber auch nach möglichen Alternativen, wenn er schreibt:

„Der Erzieher als Apostel. Die Zukunft der Nation. Das Glück zukünftiger Nationen! Aber wo bleiben in dem allem mein eigenes Leben, meine eigene Zukunft, mein eigenes Glück und mein eigenes Herz? Ich verschenke meine Einfälle, Ratschläge, Warnungen und Gefühle, ohne damit zu geizen. Wenn alle Augenblicke ein anderes Kind dahergelaufen kommt […] dann empfindest du schmerzlich, dass du, der du die wärmende Sonne dieser Kinderschar bis, selbst erstarrst, dass du, der für sie ein Licht bist, selbst Strahl um Strahl deiner Leuchtkraft verlierst. Alles für die Kinder – und was bleibt für mich? Sie wachsen an Wissen, Erfahrung und moralischer Einsicht; sie sammeln Vorräte – ich verschwende sie. Wie soll man nur auf weite Sicht mit den vorhandenen eigenen geistigen Kräften haushalten, um nicht eines Tages mit leeren Händen dazustehen?" (Korczak in: Andresen 2018, S. 136).

Friesinger verweist an dieser Stelle auf eine zusätzliche und dringend benötigte Ressource: einen Freiraum zur Selbstempathie (als Erholung und Raum zur Reflexion) und zum Ressourcen-Management. Fachkräfte haben eine Gefühlsverantwortung sich selbst und den Zu-Erziehenden gegenüber (vgl. Friesinger 2018, S. 38):

„Gerade für Menschen in sozialen Berufen hat diese Transformation […] von Empathie in Mitgefühl einen stark präventiven Charakter, um empathischen Stress, aber auch im Miteinander, um empathischen Geiz zu vermeiden, indem man bei empathischer Überlastung mit Hilfe der Übungen die Transformation zu einer mitfühlenden Reaktion ermöglicht" (Friesinger 2018, S. 47).

Empathie und Mitgefühl bleiben, nun auch durch Friesinger unterstützt, professionalisierungs*fähig* und nicht nur aus defizitärer Sicht, sondern zusätzlich aus dem Blickwinkel Korczaks auch aus präventiver Perspektive, professionalisierungs*bedürftig*. Demnach werden sie als essenzielle Kompetenz innerhalb eines Ressourcenmanagements und als Grundvoraussetzung für Erzieherinnen und Erzieher zur Kontaktaufnahme und als Vermittlungsinstrument verortet. Um die getroffenen Aussagen zu untermauern, entwickelt sich im Anschluss der

Relation eine Manifestation von Empathie und Mitgefühl mit Vorbildcharakter durch *das Zeigen* im pädagogischen Handeln.

5.2 Die Empathie im Kreislauf des Zeigens als Begleiter pädagogischen Handelns

Das Zeigen stellt für Prange und Strobel-Eisele eine Grundform pädagogischen Handelns dar. Im System von Erziehung sehen sie „[…] das ›WIE‹ der pädagogischen Operation, […] (die) ›Vermittlung‹" (Prange/Strobel-Eisele 2015, S. 36) [Hervorhebungen im Original] als genuine Erziehungsform.

Die Vermittlung finde in der Erziehung nicht nur in aktiv angestoßenen Situationen, sondern vor allem auch in alltäglichen Momenten statt, mit dem Ziel, den Zu-Erziehenden eine Aneignung von Inhalten zu ermöglichen. Die Autoren üben somit den Schulterschluss, gemeinsam mit Tomasello in Kapitel **3.1**, auf die bedeutende Stellung des Zeigens als vorsprachliche Fähigkeit von Kommunikation (vgl. Prange/Strobel-Eisele 2015, S. 36-41). Wie in Kapitel **2.3** zur Definition pädagogischen Handelns ausgeführt, bestehe das pädagogische Handeln aus ihrer Sicht aus einer *kommunikativen* Triangulation. Das Lernen (oder Aneignen) sei der Antriebsmechanismus pädagogischen Handelns, wofür eine Thematik (1) (wie Lesen lernen) durch Kommunikation (2) (wie Fragen stellen, vorlesen oder vorlesen lassen) über ein gemeinsames Medium (3) (wie ein Erstleserbuch) vermittelt werde (ebd. S. 17 und 41). Hier kann angenommen werden, dass ein Medium nicht zwingend ein greifbares Objekt sein muss. In ihrem Buch berufen sich die Autoren auf ein Beispiel, worin der Tastsinn als Vermittlungskanal diente.

Bezüglich der thematischen Ausrichtung dieser Bachelorarbeit wird die Empathie folgend exemplarisch als gemeinsames Medium (3) fixiert, in welchem die *lernenden* Kinder und Jugendlichen und die PädagogInnen *erzieherisch* (vgl.

Prange/Strobel-Eisele 2015, S. 17 und 41), aber auch anhand feuernder Spiegelneurone *aufeinandertreffen*.

Mit John R. Searle erfolgt eine weitere Begründung, die Empathie als gemeinsames Medium zu untersuchen, aufgrund ihrer Möglichkeit zur Bildung von Bewusstsein durch die *geteilte* Intentionalität, die ihr inhärent zu sein scheint. Intentionalität sei „[…] das, womit unsere Geisteszustände auf andere Gegenstände oder Sachverhalte gerichtet sind, von ihnen handeln, sich auf sie beziehen, über sie gehen" (Searle 1991, S. 15). In Anlehnung an Searle kann die exemplarische Verwendung der Empathie gleichzeitig also auch durch ihre Hinwendung zu einem Thema (1) sichergestellt sein und es wird vermutet, dass sie durch ihre Charakteristik, Bewusstsein und Intentionalität zu ermöglichen, einen qualitativen Multiplikator für Vermittlung und Aneignung darstellen könnte. Wie sich der Aspekt Kommunikation (2) zur Empathie verhält zeigt sich, wenn Prange und Strobel-Eisele zusammenfassen, dass „[…] über die Kommunikation die Zustände von Personen […]" (2015, S. 17) angetroffen und verändert werden können. Offenbar spielt auch die Art der Kommunikation eine Rolle, wenn es heißt „Sie kann das Lernen nicht hervorbringen, sondern nur pflegen und benutzen, fördern und steigern, aber auch herausfordern und belasten und hemmen und behindern" (ebd.). Die Art der Kommunikation oder besser der Rahmen, durch den sich Kommunikation vollziehen kann, wird in Kapitel **5.3.2** ausführlicher erörtert.

Folgend werden die differenten Prägungen des Zeigens, das *ostensive Zeigen* (üben), das *repräsentative Zeigen* (darstellen), das *direktive Zeigen* (auffordern) und das *reaktive Zeigen* (rückmelden), erläutert und anhand von Empathie illustriert:

Das ostensive Zeigen

Das pädagogische Handeln zeige sich hier in seiner basalsten Form als eine reaktive Assistenz auf die Ausübung von bedürfnisbefriedigenden Tätigkeiten der Zu-Erziehenden. Ihre zu Beginn eher ungeübten und orientierungslosen Aktivitäten werden im direkten Kontakt durch bewusstes oder unbewusstes Vormachen, Mitmachen, Gestikulieren, Anregen, Regeln vermitteln, Auffordern, Einüben und Wiederholen solange geübt, bis die Kinder und Jugendlichen über eine automatisierte Routine verfügen.

Eine weitere Ausprägung des ostensiven Zeigens seien von den Erziehenden an einem Ziel orientierte und aktiv inszenierte Übungen. In der Summe erhalten die Zu-Erziehenden somit die Gelegenheit, sich in ihrem mentalen und physischen Zustand der Gegenwart Schemata für zukünftige Handlungs- und Denkweisen ihrer Lebenswirklichkeit anzueignen (vgl. Prange/Strobel-Eisele 2015, S. 48-55 und 61).

Hier schimmert die Empathie als Voraussetzung für pädagogisches Handeln. Die Fähigkeit zum Perspektivenwechsel von Seiten des Erziehenden wird benötigt, um das zuvorderst unkoordinierte Tun der Zu-Erziehenden überhaupt als Hilfeersuchen einordnen (Blockademechanismus/Beachtenswert: ja/nein), um später im direkten reziproken Abgleich (Raum und Zeit) die Art (Qualität) und den Grad (Quantität) an Unter-stützung am Lernzuwachs (Zurückspiegeln, Wissenspool des Erziehenden, Modifizierung) ausrichten zu können.

Das repräsentative Zeigen

Anhand des repräsentativen Zeigens werde den Lernenden etwas dargestellt, was sich momentan (noch) nicht in deren Lebenswirklichkeit befinde. Aufgrund von Symboliken (Rot = Gefahr) und Erzählungen oder Märchen werde die Fähigkeit zur Vorstellung aktiviert, und es sei den Kindern und Jugend-lichen möglich, (noch) Nicht-sichtbares trotzdem in die aktu-elle Lebenswirklichkeit einzuordnen, ihre Bedeutung zu er-kennen und - nach einer gewissen Routine - eine Repräsenta-tion mit Hilfe ihres aktuellen Wissens auch auf (noch) neue Sachverhalte zu übertragen, sich zu orientieren und adäquat zu handeln.

Da die Erzählung die elementarste Kommunikationsform des Menschen sei (vgl. Prange/Strobel-Eisele 2015, S. 61-63), sticht sie in Form von Märchen für diese Analyse als besonders leistungsfähig hervor, wenn die Untersuchung aus empathi-scher Richtung erfolgt. Als „[…] eine Brücke zum Hörer und zum Lernenden, die von der Seite der Sinnlichkeit beschritten wird […] (werde) die Identifikation des Hörers mit dem Erzäh-ler bzw. dem Erzählten […] (durch) das ansteckende Mitlachen oder Mitfühlen (möglich) […]" (Prange/Strobel-Eisele 2015, S. 65). Indirekte Erkenntnisse und Perspektiven seien somit an die Zuhörer übertragbar, bevor ihnen entsprechende Sachver-halte in der Wirklichkeit begegnen (vgl. Prange/Strobel-Eisele 2015, S. 63).

Als eine Weiterentwicklung des Übens zeigt sich in der Re-präsentation von Unwirklichkeit der Zusammenhang mit der empathischen Fähigkeit des Perspektivenwechsels. Auch die Autoren sprechen von einer „[…] Tiefenschicht des Erlebens und Verhaltens, die sich nicht ohne weiteres rational mitteilen lässt" (Prange/Strobel-Eisele 2015, S. 67). In Anlehnung an Se-arles Definition von geteilter Intentionalität könnte das oben genannte Mitfühlen nach dem Zurückspiegeln den Abgleich von Ähnlichkeit/Sympathie in Gang setzen und eine entspre-chende Filterleistung wie etwa Mitgefühl (oder auch nicht) er-zeugen. Wie beim hermeneutischen Zirkel könnten nun auf diese Art und Weise durch Rollenübernahme (siehe der signifikante Andere und der verallgemeinerte Andere in Kapitel **3.2.2**) Zukunftsvisionen *im* Hörer über den Ausgang des Märchens entstehen, welche synchron wieder mit der eigenen Gefühlswelt abgeglichen werden können, was wiederrum der Narration bei Breithaupt (siehe Kapitel **3.2.3**) gleichkommt: *Wie würde ich mich fühlen, wenn…*

Das direktive Zeigen

Dem direktiven Zeigen sei ein Aufforderungscharakter inhärent. Durch die Aufforderung zur Hinwendung eines Sachverhaltes (Schwimmen lernen) von Seiten der Erziehenden solle die Eigeninitiative zu Lernen der Zu-Erziehenden angestoßen werden. Mit Unterstützung sollen sie sich an neuen oder aufbauenden Themen und Sachverhalten, die die Erziehenden für ihre zukünftige Gesamtsituation als effektiv betrachten, ausprobieren, sich darin entfalten und dazulernen. In dieser Form des Zeigens erscheine das Selbstverhältnis der Lernenden sich gegenüber in der (Art der) Entscheidung, die sie treffen, wenn sie sich einer Aufgabenstellung gegenüber motiviert oder auch unwillig zeigen. Hier fragen die Autoren nach einer Möglichkeit die Kinder und Jugendlichen zu erreichen, um sie bei der Entscheidungsfindung zu unterstützen und zum Lernen anzuregen. Sie konstatieren, dass sie durch Ermunterung und Zusprache von Mut Sicherheit durch die Erziehenden erfahren sollen. Ihnen solle vermittelt werden, dass sie so durch die Anstrengungen einen Mehrwert ihrer zukünftigen Lebenswirklichkeit erhalten können (vgl. Prange/Strobel-Eisele 2015, S. 73-80). Hier verweisen die Autoren, wie auch Korczak in Kapitel **4.2**, auf die ethische Komponente dieser Form des pädagogischen Handelns in Bezug auf Lernen. Die

Entscheidungen der Kinder sollen respektiert und durch Hilfestellung unterstützt werden. Der schmale Grat hin zu Zwang oder Indoktrination (ebd., S. 80f.), wie ihn auch Breithaupt unter Kapitel **3.2.3** exemplarisch anhand der Stage-Mothers u. a. aufschlüsselt, dürfe nicht überschritten werden (ebd.).

Der Kreis der ethischen Verantwortung schließt sich mit Singer und Speck, die beide auf den verantwortungsvollen Umgang mit biologischen Gegebenheiten und deren Förderung Wert legen – und dies schließt die Empathie mit ein – womit wiederum auf die Dringlichkeit eines professionellen und reflektierten Umgangs mit Empathie bei Fachkräften hingewiesen werden kann und muss.

Das reaktive Zeigen

Mit dem reaktiven Zeigen finde eine Rückmeldung (etwa Gestik, Mimik, ein Ja oder eine ausführliche Stellungnahme) an die Kinder und Jugendlichen als Reaktion der PädagogInnen auf das bisher oder gerade Gelernte statt (vgl. Prange/Strobel-Eisele 2015, S. 85).

Als bedeutsam für die Analyse könnte sich diese Form des Zeigens durch zwei synchron verlaufende Kernströmungen, durch die sie gebündelt wird, zur bereits geleisteten Untersuchung, sowie dem bevorstehen Kapitel **5.3**, herausstellen.

Zum Ersten erwähnen Prange und Strobel-Eisele einen „[…] Rückkopplungseffekt […]" (2015, S. 86) durch den den Fachkräften zurückgespiegelt werde, wie die Zu-Erziehenden deren Bemühungen innerhalb des pädagogischen Handelns aufnehmen. Sie konstatieren ein „[…] geradezu unvermeidlich […] erlebte(s) Leiden an der Erziehung, und zwar auf beiden Seiten" (ebd.), wenn Kinder und Jugendliche (oder die ErzieherInnen) die pädagogischen und persönlichen Bemühungen des Gegenübers beispielsweise nicht annehmen oder würdigen. Die Autoren arbeiten somit die biografische Pointierung der Erziehenden innerhalb dieser Form heraus. Persönliche sowie beruflich bedingte Erwartungen an die jüngeren Akteure seien stets gegenwärtig und fänden sich im Selbstbezug bei Begegnungen mit anderen (vgl. Prange/Strobel-Eisele 2018, S. 86f.). „Wir zeigen unser Mitgefühl mit dem Lernenden, doch dieses Mitgehen und Mitfühlen enthält auch Elemente unserer eigenen Lerngeschichte, die den Stil unseres reaktiven Zeigens mitbestimmen" (Prange/Strobel-Eisele 2018, S. 86). In dieser Darstellung können unter anderem die Kernaussagen zu Ähnlichkeit und Sympathie bei Breithaupt und Singer, zur emotionalen Regulation bei Giesecke, zur Vorbildfunktion und Beziehungsgestaltung bei Korczak, zur Überwindung von Krisen bei Oevermann, zur selbstreferenziellen Verfasstheit bei Oehlmann und zur professionellen Identität bei Schütze eindeutig verortet werden und unterstützen den Bedarf und die Förderung von Biographiearbeit, Empathie, Mitgefühl und Sempathie innerhalb pädagogischer Professionalität.

Die zweite Strömungslinie verweist direkt auf die Stellung der Kinder und Jugendlichen als Lernende innerhalb der pädagogischen Beziehung. Wie unter Kapitel **5.1.1** von Prengel durch die Bedeutung und die Folgen von Beziehungsqualität angedeutet, erwähnen Prange und Strobel-Eisele die *Qualität* der Kritik am Können (Sachbezug) der Schützlinge, welche von diesen auch stets als Rückmeldung (und mögliche negative Kritik) an ihrer eigenen Person (Identitätsbezug) empfunden werde (vgl. 2015, S. 88).

An dieser Stelle kehrt die Analyse nicht nur an den Beginn der themenbezogenen Erörterung von Empathie zurück, sondern besinnt sich simultan auf den anthropologisch-evolutionär markierten Startpunkt von Empathie bei Tomasello und Zaboura in Kapitel **3.1**. Dem Menschen kann der Wille zur (anerkennenswerten) Kooperation inhärent zugerechnet werden, welcher sich zugleich in der Bindungstheorie von Bowlby (siehe Kapitel **3.2.4**) als genuin lebensnotwendige Kompetenz herauskristallisiert, die der Mensch grundsätzlich erfüllen möchte. Das reaktive Zeigen begleite alle oben genannten Zeigeformen als latente rückmeldende Orientierung für die Schützlinge. Zusätzlich berühre sie allerdings auch die Themen *Anerkennung* und *Würdigung* (ebd.). Durch die Rückbesinnung auf Korczaks Pädagogik der Achtung und seine Charta der Grundrechte des Kindes (siehe Kapitel **4.2**), Fritzsches Erwähnung zum Thema Menschenrechte (siehe Kapitel **4.2**) und Prengels Aussage in Kapitel **4.4** über den für den Menschen überlebenswichtigen anerkennenden Zuspruch wird den Begriffen Anerkennung und Würde deshalb eine fundamentale Rolle in der sensiblen Gestaltung pädagogischer Beziehungen durch die prägende ErzieherInnen-Persönlichkeit zugeschrieben.

Aus diesem Grund erfolgt im Anschluss eine vertiefte Betrachtung zur Architektonik möglicher professionell gestalteter Beziehungen. Durch die Formen des Zeigens konnte ein Blick auf die Symbiose von Empathie und pädagogischen Handelns geworfen werden. Empathie erscheint erneut differenzierter. Zum einen fungiert sie als eine Art technische Befähigung, um alle benötigten Schritte des Perspektivenwechsels zu vollziehen und zum anderen als qualitativ-gefühlsorientiertes Zentrum von Intentionalität, Resilienz und *Verstehen*. Unterstützt werden kann diese Annahme erneut mit Friesinger, welche in Anlehnung an die bisherige Empathie-Forschung ein *kognitives* und ein *emotionales Teilsystem* von Empathie erwähnt (vgl. Friesinger 2018, S. 45). Und um in dem Modell der Triangulation pädagogischen Handelns von Prange und Strobel-Eisele zu verharren, kristallisiert sich *Empathie* ebenso als *Triangulation* heraus.

Die Empathie als gemeinsames Medium (1) durch geteilte Wirklichkeit mit ihren *bisherigen* empathischen Erfahrungen des Subjekts, welche sich *durch* Kommunikation (2) (Bindungsverhalten, Blockademechanismus, Filterleistung, Vorbildverhalten, das Zeigen u. a.) auf das Thema (3) *Jetzt im Anderen* (durch Perspektivenwechsel) *sein* bezieht. Doch das Zeigen vollzieht sich stets ganzheitlich und endet nicht mit dem reaktiven Zeigen. Es scheint, als könne die *Art und Weise* von *Rückmeldung* auf beiden Seiten der Akteure intensivere Krisen erzeugen als Erziehungs- oder Lernsituationen (als Krise nach Oevermann) an sich. Die Frage *nach* dem Moment (im doppeldeutigen Sinne) von *Jetzt stell` dich mal nicht so an* oder *Das hast du schön gemacht* konstruiert einen Kreislauf des Zeigens, denn nach einer Rückmeldung endet die Beziehung nicht einfach abrupt. Der Kreislauf, bezogen auf das Zeigen, berührt wie oben angeführt auch das Innerste und das Zerbrechlichste des Menschen - seine Würde. Sie ist laut des Grundgesetzes der Bundesrepublik Deutschland unantastbar und, auch nach dem BayBEP, von ErzieherInnen unbedingt anzuerkennen, zu schützen und zu verteidigen (siehe Kapitel **1.1** und **4.4**). Doch was kann passieren, wenn aus unterschiedlichen Gründen die Ressource Empathie nicht abrufbar ist oder der Blockademechanismus defekt zu sein scheint? Welche Auswirkungen könnte das auf die pädagogische Beziehung, ihre Akteure und deren Würde haben?

5.3 Die Kompetenz Empathie als Aufschwung für die interaktionalen Stellschrauben der pädagogischen Beziehung

5.3.1 Die Begegnung als Ko-Konstruktion

Die *Begegnung*, wie sie unter Kapitel **2.4** von Derbolav und Loch verstanden wird, begreift spontane Momente und längerfristige Kontakte als Auseinandersetzung (mit sich, mit dem Gegenüber und mit der Umwelt) mit dem Ziel von *Sinn-Erschließung*.

Rizzolatti und Sinigaglia arbeiten die zusätzliche Möglichkeit der Spiegelneurone zur *Bildung von Bedeutung* in Kapitel **3.2.1** heraus. Zusätzlich wird an die Triangulation bei Prange und Strobel-Eisele, sowie der Ansatz von Berger und Luckmann (Kapitel **5.2** und **3.2.2**) als auch Searle zur *Bewusstseinsbildung* zu Beginn des Kapitels **5.2** erinnert. Mit Dimbath und seiner Aussagen von Mead zur *Identitätsfindung* von Individuen in Kapitel **3.2.2** kann der Begegnung respektive der pädagogischen Beziehung konkludierend ein ganzheitliches Bildungs- und Erziehungsverständnis zugeschrieben und auch abverlangt werden. Denn laut Humboldt in Kapitel **2.1** gedeihen die *Potenziale* des Menschen und *sein Selbst* aufgrund der *Reibung* an der Außenwelt. Die somit bedeutende Relevanz und zukünftige Reichweite der pädagogischen Beziehungsgestaltung erscheint noch eindringlicher, wenn Humboldts Reibung nicht nur kognitiv oder mental, sondern simultan durch das tatsächliche Feuern von Neuronen allgemein - und insbesondere der Spiegelneurone - im Gehirn als reale Wirklichkeit verstanden wird. Die Reibung mit all ihren negativen und/ oder positiven Folgen und Veränderungen für das Individuum und seine Umwelt kann demnach auch als physische Manifestation von Bildung, pädagogischer Beziehung, Empathie, Erziehung und Professionalisierung verankert werden.

Erneut erhält der Begriff der pädagogischen Beziehung dadurch eine Pointierung enormer Tragweite. Umso erstaunlicher wirkt die Tatsache, dass Korczak sich dessen scheinbar schon zu seiner Zeit unter damals schlechteren Arbeits-, Forschungs- und Lebensvoraussetzungen und einem konträren Erziehungs- und Menschenbildverständnis bewusst oder unbewusst gewiss war (siehe Kapitel **4.2** und **4.3**). Denn er versuchte in der ko-konstruktiven Beziehungsgestaltung eines Älteren mit einem Jüngeren demokratische und würdevolle Stützpfeiler zu etablieren, um daraus vermutlich nicht nur einen quantitativeren (mehr Lernen), sondern auch einen qualitativeren Nutzen (ganzheitlich und lebenslang hilfreich) für beide Seiten zu generieren.

Auch im BayBEP findet sich die Ko-Konstruktion klar unter der Prämisse einer „lernenden Gemeinschaft" (BayBEP 2018, S. 416) lokalisiert. „Ko-Konstruktion als pädagogischer Ansatz heißt, dass Lernen durch Zusammenarbeit stattfindet, also von pädagogischen Fachkräften und Kindern gemeinsam konstruiert wird" (ebd., S. 415). Die Ansammlung von Wissen sei sekundär, da das Kind mit seinem Ideenreichtum und seinem Bild von der Welt im Vordergrund stehe. Kognitive und sinnliche Kompetenzen wie Beobachten, Konzentration oder Zuhören seien wichtig, um Bedeutung zu erforschen. Jedoch auch kommunikative und soziale Kompetenzen wie Diskutieren, Teilen oder Toleranz tragen unter anderem dazu bei, Achtung vor Objekten, Sachverhalten oder Lebewesen zu entwickeln. Durch die lernende Gemeinschaft möchte man Kindern ein mögliches Setting schaffen, sich durch ein demokratisches Zusammengehörigkeitsgefühl mit den pädagogischen Fachkräften vereint, realen Tatsachen und Problemen zu stellen, sie zu entdecken und sie bei Bedarf zu lösen. Der Verantwortung gegenüber dieser verletzbaren Beziehungsgestaltung sei man sich bewusst. Explizit hervorgehoben wird das angestrebte Zugehörigkeitsgefühl. Hierdurch könne die Identitätsfindung, die Motivation zu Lernen, pro-soziales Verhalten, die Regulationsfähigkeit oder auch das Wohlbehagen gefördert und verstärkt sowie Stress abgebaut oder vorgebeugt werden (vgl. BayBEP 2018, 415-417).

Somit erscheinen Korczaks damalige theoretische Ausführungen und die gekonnte praktische Verschränkung durch ihre reale Ausführung und Strukturierung in Form von Rollenübernahme im Sinne der Ko-Konstruktion durch Kindergerichte, gemeinsame Dienste und Versammlungen als eine wegweisende Pionierleistung von aktuell hoher Bedeutung. Doch wie Giesecke in Kapitel **4.4** kritisiert – Korczak zeige sich eher wie ein distanzierter Organisator denn als empathischer Pädagoge – stellt sich die Frage nach einer *richtigen* Ummantelung pädagogischer Beziehungen und entsprechender Handlungen. Hierbei geht es nicht direkt um das *Wie* der Vermittlung, das beispielsweise wie oben beschrieben durch das Zeigen erfolgen kann. Die *Hülle* des Wie tritt in den Vordergrund. Und eine Analyse dieser Hülle des Vermittlungsmediums scheint effizient sowie notwendig, wenn der Berufsstand der ErzieherInnen in den Statistiken der Krankenkassen mit einem beträchtlichen Wert an Krankheitstagen durch psychische Belastung aufwartet, sie sich jedoch gleichzeitig in einem beruflichen Alltag wiederfinden, der Kinder und Jugendliche mit ihren individuellen Lebenswelten und ihrem Verhalten inkludiert, welches mitunter von ihrer primären Erziehungsinstanz, dem Elternhaus, geprägt ist.

5.3.2 Der (kalte) Resonanzraum der ko-konstruktiven Begegnung

Die *Achtsamkeitsstudie* der Universität Bielefeld im Auftrag der Bepanthen-Kinderförderung untersuchte, wie Eltern den Bedürfnissen und Gefühlen ihrer Kinder begegneten. *Achtsamkeit* spiegele das Interesse am Kind, seiner physischen und psychischen Bedürfnisbefriedigung sowie die zuverlässige Unterstützung der Eltern im Alltag wider. Dies führe zur allgemeinen Lebenszufriedenheit der Kinder, fördere deren empathische Fähigkeit und Selbstsicherheit, vermittle Geborgenheit und Vertrauen.

Ein Defizit von Achtsamkeit komme einem Leben in Armut gleich und eine Einbuße sei ein Qualitätsverlust der Phase *Kindheit*. 31% der befragten Kinder fühlten sich wenig bis gar nicht beachtet. Von ihnen zeigten nur 40% die Fähigkeit zur Empathie, bei Jugendlichen waren es nur noch 29%. (vgl. Ziegler u. a., o. J., S. 2-5 und 29 und Ziegler 2017, S. 3f.). Auch die Ergebnisse der *KiGGS-Studie zu psychischen Auffälligkeiten und psychosozialen Beeinträchtigungen bei Kindern und Jugendlichen im Alter von 3 bis 17 Jahren in Deutschland* befürworten die einleitenden Gedanken der Problemlage dieser Thesis wenn es darin heißt, emotionale Beschwerden haben erhebliche Auswirkungen auf das Umfeld der Kinder (vgl. KiGGS Study Group 2014, S. 807) - dies betrifft somit auch den *direkten Kontakt mit ErzieherInnen* - auf ihre Persönlichkeitsentwicklung und auf ihren Bildungserfolg (ebd.). Circa 20% der Kinder und Jugendlichen der Studie werden der Risikogruppe „psychische Auffälligkeiten" (KIGGS Study Group 2014, S. 816) zugerechnet. Von circa 50% der befragten Eltern wurde angegeben, dass ihr Kind zumindest elementare Probleme durch emotionale Defizite habe, die größtenteils länger als ein Jahr andauern (vgl. KiGGS Study Group 2014, S. 816 f.).

Alle Bemühungen durch das Zeigen und/oder einem ko-konstruktiven Ansatz muten qualitativ fragwürdig an, sollten sich empathisch bzw. gesundheitlich defizitäre Akteure beider Gruppierungen in der Begegnung gegenüberstehen. So liegt es nahe, dass in diesen Beziehungsverhältnissen Bildungs- und Erziehungsziele weniger bis unzureichend erreicht werden könnten. Diese Hypothese wird mit Prengel untermauert. Sie folgert, dass auf eine mangelhafte Beziehungsqualität zugleich die Qualität des pädagogischen Handelns bzw. das Erreichen entsprechender Ziele abnehme (vgl. Prengel 2019, S. 18).

Doch auch für nicht-defizitär *erscheinende* Beziehungen scheint sich ein Blick auf die Fassade des Vermittlungskanals zu lohnen, wenn Andreas Gruschka anbringt, dass die „[...] Differenz zwischen Sein und Sollen [...]" (1994, S. 138) eine primäre Form des Erlebens von „[...] Ungenügen [...]" (ebd.) im pädagogischen Alltag darstelle (vgl. 1994, S. 138). Unter *Sollen* versteht er erstens die Kompetenzen wie auch Ressourcen und das Verständnis der eigenen Berufsrolle als Träger von, zweitens, den Erwartungshaltungen der restlichen beteiligten Instanzen (Eltern, Gesellschaft, Kinder, Träger u. a.) und Vermittler gewisser Bildungs- oder Erziehungsziele. Dem *Sein* schreibt Gruschka eine grundlegend hoffnungslos anmutende Stellung in der Erziehung zu (vgl. 1994, S. 138 und 152), da anzunehmen ist, dass kein Mensch jemals alle erzieherischen Zielvorstellungen vollumfänglich erreichen oder erfüllen kann. In seinen Kältestudien innerhalb pädagogischer Kontexte konstatiert er:

„[…] eine für die öffentliche Erziehung charakteristische Dimension sozialisatorischer Interaktion: Kälte (im Umgang) entsteht im Hinnehmen, Überspielen und Reproduzieren des Widerspruchs zwischen dem moralischen Anspruch (des Sollen) und der Wirkungswirklichkeit der Erziehung (im Sein) […] (und somit wird mit Kindern) pädagogisch anders umgegangen, als ihnen unaufhörlich signalisiert wird" (Gruschka 1994, S. 261).

Mit Jens Beljan, der seine Theorie über den *Resonanzraum* mit den Ausführungen Gruschkas in Verbindung bringt, definiert sich der Begriff der *Resonanz* als „[…] (Raum) resonante(r) Selbst- und Weltbeziehungen […] (durch) schöpferische Begegnungen und responsive Interaktionen […]" (2019, S. 14). Wie auch Drieschner in Kapitel **3.2.4** erwähnt, steht Resonanz bei Beljan ebenso für eine *gelungene Beziehung* zu *Welt* wie beispielsweise das intrinsische Interesse eines Menschen an einem Musikstück, das ihm gefalle, bei dem er scheinbar glücklich mittanze und sich gehen lassen könne. Diese *Schwingung* und die dadurch erzeugte Ausstrahlung oder Glückseligkeit dieses Menschen könne auch physisch von anderen beobachtet werden. Dementgegen stehe die „[…] Indifferenz […] (ebd., S. 13), welche sich bezüglich des obigen Exempels als Gleichgültigkeit gegenüber dem Musikstück darstelle. Unter der „[…] Repulsion […]" (ebd., S. 14) werde eine ablehnende oder gar feindliche Haltung dem Musikstück gegenüber verstanden. Wie Gruschka erwähnt Beljan ebenso eine moralische Komponente. Der Weltbezug beinhalte auch moralische Aspekte (vgl. Beljan 2019, S. 105), und somit lassen sich zwei moralische Instanzen des Menschen lokalisieren. Die Eigene innerhalb der Selbstbeziehung und die von der Außenwelt konstruierte. Kälte entstehe nun durch einen Konflikt zwischen dem eigenen und dem realen Wertesystem. Als Beispiel nennt er eine

Lehrperson, welche den weinenden Schüler schweigend vor die Tür setze, da der straffe Unterrichtsplan keine Zeit für Erklärungen zulasse. Eigene Ansprüche (ich würde ihn gerne trösten) werden also aus funktionalem Grund (ich habe keine Zeit) ignoriert und zum Schweigen gebracht (vgl. Beljan 2019, S. 15-107).

Es kann deshalb vermutet werden, dass durch erkaltetes pädagogisches Verhalten die Hemmschwelle hin zu psychisch verletzender pädagogischer Interaktion gesenkt sein könnte. Zusätzlich könnte die Konstruktion der Lebenswirklichkeit (auf beiden Seiten) nicht ausreichend erfolgen, da die Kälte nicht an einem Vorher und Nachher interessiert zu sein scheint und Ähnlichkeit oder Sympathie für Funktionalität opfert. Erinnert wird an dieser Stelle auch an Breithaupts Aussage in Kapitel **3.2.3**, dass die Information, jemanden *nur* leiden zu sehen, für den Blockademechanismus zu wenig Erklärung und Information bietet und die Wertigkeit Empathie anzuwenden schwinde.

Prengel fasst die vereinzelten Studien (Marks 2010, Hafeneger 2013, Kassis 2003, Krumm/Eckstein 2001, Rackwitz 2005) für verletzendes Verhalten von LehrerInnen zusammen. Deutlich zeigt sich ein immer wiederkehrender Kreislauf von physischen und psychischen Verletzungen bei betroffenen Lehrern und Schülern (vgl. Prengel 2019, S. 79f.). Das Setting Schule und die Erwartungshaltung an Lehrer und Schüler müssen zugegebenermaßen anders als die einer pädagogischen Tageseinrichtung gedacht werden, doch da beispielsweise immer mehr ErzieherInnen an Schulen bzw. Ganztagsschulen arbeiten (vgl. Coelen/Stecher 2014, S. 111), kann durchaus ein Bogen zu diesem Berufsstand gespannt werden. Die Formen pädagogischen Fehlverhaltens nach Krumm/Eckstein (2001) seien unter anderem „Zuschreibung(en) unerwünschter Eigenschaften wie […] Bloßstellen, […] Ausgrenzung, […] Beschämen, […] Ignorieren, […] (oder auch) Unterstellungen […]" (Prengel 2019, S. 80). Diese platziert Prengel als „[…] professionellen Kunstfehler mit gravierenden langfristigen Folgen […]" (ebd., S. 79) (vgl. 2019, S. 79f.).

Über das Verstummen des Selbst in der Weltsicht, über einen erkalteten Resonanzraum, über das Hinwegsehen von Leid oder Scham des Gegenübers und mögliche psychische Verletzungen zeigt sich die Gewichtung der Verantwortung von professionellen PädagogInnen und des pädagogischen Handelns. Dies erzeugt einen negativen Nachgeschmack, denn es kann und darf nach den Erfahrungen des Dritten Reiches in der Pädagogik keine erzieherischen Patentrezepte mehr geben. Erneut wird betont, dass (aufzudeckende) Strukturen mit Extrembeispielen überzeugender herausgearbeitet werden können und Prengels Aussage, verletzende Handlungen seien selten (ebd., S. 79), soll an dieser Stelle nicht unterschlagen werden.

Die bisherige Analyse verlief in einer zunehmenden *emotionalen* Abwärtsspirale, beginnend mit Humboldts hoffnungsvollem Bildungsideal und pausiert aktuell bei den Themen pädagogischer Kälte und Verletzung von Schutzbefohlenen. Die Pause währt nicht lange, wenn zuletzt mit Stephan Marks das (fast ausnahmslos) jedem Menschen bekannte, höchst peinigende und verletzende *Schamgefühl* in die Argumentation eintritt. Es werde ausgelöst „[…] wenn die Grundbedürfnisse nach Anerkennung, Schutz, Zugehörigkeit und Integrität verletzt werden" (Marks 2017, S. 58). Er prangert den immer noch gegenwärtigen (jahrhundertealten) Mechanismus an, Schamträger auszugrenzen und sich ihrer durch anschließendes Ignorieren zu „[…] entledigen […]" (ebd., S. 29). Die Kälte im Umgang mit dem Gefühl Scham (und hier schließt sich der Kreis mit Gruschkas Argumentation) sei eine Verletzung des intimsten Gefühls des Menschen - seiner Würde - und er kritisiert die immer noch gegenwärtige Reproduktion dieses Vorgehens an Schulen oder im späteren Berufsleben (vgl. Marks 2017, S. 19, 28f. und 58).

Diese *Methodik* war wohl auch ein Kernaspekt in Korczaks Motivation, die Welt der Kinder und damit die zukünftige Gesellschaft besser zu machen, indem er versuchte, auch diverse gewaltvolle und verletzende Teufelskreise im Umgang miteinander zu durchbrechen. Doch bei Giesecke findet sich erneut Kritik, dass Korczak seine Ausführungen und Gedanken nicht genug im Sinne einer späteren Gesellschaft weitergedacht habe. So seien seine Zöglinge zwar in ihrem Rahmen mit Vorstellungen von Demokratie und Menschenwürde *gut bestückt*, doch finden sie außerhalb der Waisenhäuser eine andere Welt vor, in der ihnen der Kampf ums Überleben entgegenschlage. Der Umgang mit diversen sozialen Mechanismen gestalte sich für sie ohne passende Strategien entsprechend schwierig (vgl. Gies-ecke 1999, S. 168). Es scheint, als waren Korczaks Zukunftsvision zum einen eine heroische pädagogische und moralische Glanzleistung und zum anderen die größte Schwäche seiner Bemühungen, wenn sie in einer Filterblase der Korczakschen Waisenhaus-Welt gedacht werden, denen vermutlich die Übertragung und das Weiterdenken in das zukünftige Leben der Kinder, gleich dem repräsentativen Zeigen, fehlten.

Somit wird an einem der tiefsten Punkte menschlicher Erniedrigung wiederholt angebracht, dass diese abdriftende Entwicklung der Analyse bewusst verfolgt wurde um aufzuzeigen, wie filigran und sensibel sich das Gerüst der pädagogischen Beziehung zeigt. Und ebenso, wie schutzbedürftig und vor allem, wie reflexions*bedürftig* sie sich zeigt und welche Aspekte an ihrer Qualität und Effizienz beteiligt sein können (oder eben auch nicht). Darüber hinaus, mit welchen Gegebenheiten oder Schwierigkeiten professionelle ErzieherInnen im Berufsalltag konfrontiert sein können - handeln sie doch immer im Auftrag einer zukünftigen Gesellschaft. Doch mit der Kälte und der Scham, die aus unterschiedlichen Gründen auch eine Schwäche im Blockademechanismus der Empathie vermuten lassen, stellt sich die Frage nach möglichen Perspektiven und Strategien zur Vorbeugung vor oder zur Veränderung in einer *kalten* Beziehungen oder Situationen.

Eine Richtung könnte Beljans Konklusion sein, dass Gruschka nicht an einer Art *Erwärmung* von Kälte interessiert sei, sondern die Reflexion der eigenen Vorstellungen und der eigenen tatsächlichen Umgangsweise für ausschlaggebend halte, da Kälte *veränderbar* sei (vgl. Beljan 2019, S. 107). Hierfür erscheinen die Begriffe Reflexion und Empathie als effizient, wenn Prengel explizit darauf hinweist, Professionalität bedeute den bewussten Ausstieg aus verletzenden Gewaltspiralen (vgl. Prengel 2019, S. 81). Dieser kann erst nach einer Reflexion bewerkstelligt werden wie auch bei Bowlby, der zur steten Reflexion über das Bindungsverhalten und die eigenen Bindungserfahrungen von Erziehenden aufruft. Auch das Anstreben und die Möglichkeit von *Veränderbarkeit* bei Gruschka setzt mutmaßlich eine Reflexion voraus, welche die *Störung* wahrnehmen kann und Veränderung im Zusammenspiel mit dem Empathie-System ermöglichen, vorantreiben sowie körperlich und geistig vollziehen könnte. Mit Friesinger kann durch eine zunehmend selbstempathische Veränderung des

90

Selbstbildes pädagogischen Personals durch Reflexion und/oder Weiterbildung sowie mit Singer durch eine bildgebende Dokumentation körperlicher und mentaler Plastizität von Reflexion unterstützt werden.

In der Summe zeigt(e) sich eine intakte Empathie durchaus als effiziente Chance zur positiven Veränderung der interaktionalen Stellschrauben pädagogischer Beziehungen von Seiten der Erzieherinnen und Erzieher. Doch wie könnte sich eine *Restauration* oder grundsätzliche *Fassadenpflege* des *Wie* gestalten?

5.3.3 Endstation Würde:
Das unterschätzte Potenzial der Empathie

Mit der Formulierung *Endstation Würde* soll zuvorderst die von der Verfasserin angestrebte Doppeldeutigkeit zu Tage treten. Die Menschenwürde bilde zu allererst das im Jahr 1948 von der Generalversammlung der Vereinten Nationen und später von der Bundesrepublik Deutschland schriftlich verfasste Fundament der Menschenrechtserklärung und des Grundgesetzes (vgl. Fritzsche 2016, S. 51). Als erfolgreich anzustrebende Endstation und höchstes Ziel jedes Menschen, also auch pädagogischer Fachkräfte, soll demnach die genuine Akzeptanz und das Aufrechterhalten der Würde jedes Menschen gelten. Doch wie in Kapitel **5.3.2** dargestellt, kann sich verletzte Menschenwürde - auch in pädagogischen Beziehungen - als scheinbar ausgebrannte, hoffnungslose und misslungene (temporäre) *End*station offenbaren.

Zum Anstreben des Ziels der Erhaltung oder möglicher Wiederherstellung von Menschenwürde, zur Möglichkeit von Reflexion pädagogischen Fachpersonals sowie als forschungs- und somit reflexionsfähigen Konstante erfolgt mit Rückgriff auf die Bindungstheorie (siehe Kapitel **3.2.4**) die *Feinfühligkeit* als geeignetes Instrument.

Regina Remsperger bezieht sich hier besonders auf die Forschung von Ainsworth und operationalisiert den Feinfühligkeits-Begriff als „Sensitive Responsivität" (Remsperger 2011, S. 6) zum erweiterten Forschungsgegenstand. Hiermit rückt der Fokus auf das Kind (wie bei Ainsworth) in den Hintergrund und das Reaktionsverhalten der ErzieherInnen auf das Kind in den Mittelpunkt ihrer erziehungswissenschaftlichen Forschung. Sie definiert oben genannten Begriff wie folgt: „Reagiert eine pädagogische Fachkraft überhaupt auf ein Kind *(Responsivität)*? Und wenn ja, fällt ihre Reaktion (mehr oder weniger) feinfühlig aus *(Sensitivität)?*" (ebd., S. 125) [Hervorhebungen im Original]. Daraus folgt:

> „Eine Erzieherin, die mit sensitiver Responsivität auf die Signale von Kindergartenkindern reagiert, muss: 1. die Signale des Kindes bemerken und 2. sich auf die Signale des Kindes hin angemessen verhalten" (Remsperger 2011, S. 6.)

Für diese Bachelorarbeit relevante Ergebnisse ihrer videogestützten Beobachtungen sind, dass sich sensitiv-responsives Verhalten von ErzieherInnen generell nicht an pädagogischen Situationen oder als Charaktermerkmal bzw. Merkmal einer pädagogischen Haltung der Fachkraft verorten lasse.

Nur in einer von 15 Szenen konnte sie im Durchschnitt eine weniger sensitiv-responsive Interaktion feststellen. Allgemein zeigten die beobachteten Fachkräfte durchweg sensitives-responsives Verhalten, welches jedoch mit zunehmenden Grad von Unruhe und lauter Umgebung abnahm. Je mehr ErzieherInnen mit Störquellen konfrontiert wurden, desto abgelenkter und unaufmerksamer zeigte sich ihre Wahrnehmung kindlichen Signale gegenüber und/oder sie reagierten weniger feinfühlig. Dieses Verhalten fand sich vor allem in Situationen, in denen eine Interaktion mit einem einzelnen Kind stattfand, welche jedoch unterbrochen wurde (andere Kinder, Tür- und Angelgespräche u. a.) (vgl. Remsperger 2011, S. 277-282). In Remspergers Ergebnissen findet sich auch die ernstzunehmende Tendenz einer Abnahme von sensitiver Responsivität bei zunehmender Erschöpfung der ErzieherInnen (ebd., S. 282) wie in Kapitel **5.1.2** zur Ist-Qualität erwähnt. Mit dieser Aussage fügen sich Remspergers Ergebnisse auch in diverse Studienergebnisse zur Belastung oder diverser Stressoren in Kapitel **5.1.2** und in Gruschkas Kältetheorie, eigene Vorsätze zugunsten des Funktionierens aufzugeben (leider) mit ein.

Ein deutlicher Zusammenhang zum Blockademechanismus des Empathie-Systems kann zudem mit folgenden Beobachtungen erfolgen: Schafften es ErzieherInnen in Ablenkung(en) ihre Aufmerksamkeit doch auf ein Kind zu richten, welches ein Thema „[…] mit persönlichem Belang […]" (Remsperger 2011, S. 282) für die ErzieherInnen ins Spiel brachte, stieg der Grad von Sensitiver Responsivität wieder an (vgl. Remsperger 2011, S. 282). Diese Aussage erinnert an die Suche von Ähnlichkeit bei Breithaupt, welche er in Kapitel **3.2.3** als Startpunkt von Empathie markiert und an Oehlmanns Ausführungen über eine gesteigerte Wahrnehmung von Kindern, die Ähnlichkeiten mit der eigenen Lebensbiografie aufweisen (Kapitel **5.1.2**).

In Anlehnung an Lochs Begegnungsbegriff in Kapitel **2.4** verortet Prengel situative Interkations-Momente auf der Mikroebene und vermerkt die Anerkennung erneut als eine lebensnotwendige Komponente in menschlichen Beziehungsgefügen (vgl. Prengel 2019, S. 21).

„Die lebensnotwendige Anerkennung, die mir von anderen widerfährt, geschieht personell und kulturell konkret in bestimmten Formen, darum nährt, erweitert, gestaltet, begrenzt und bindet sie zugleich" (Prengel 2019, S. 33).

Ein Mangel an Anerkennung könne gegenteilig in eine gewaltvolle und zwanghafte Suche (nach Anerkennung) durch Entwertung oder Unterdrückung von anderen umschlagen (vgl. Prengel 2019, S. 33). Aufbauend bringt sie das Solidaritätsprinzip als emotionale Komponente in Beziehungen mit ein. Von Seiten der PädagogInnen solle eine „solidarische Motivation" (Prengel, 2019, S. 64) ausgehen, da Zu-Erziehende auch außerhalb des Familienzirkels Bezugspersonen benötigen, die zu ihnen stehen. Als Fundament einer pädagogischen Beziehungsgestaltung zeige sich die Solidarität der Älteren mit den Jüngeren gegenüber als Verpflichtung professionellen Erziehens (vgl. Prengel 2019, S. 64f.). Als Ausweg aus würdeverletzenden Mechanismen positioniert Marks das Durchbrechen des (eigenen) „[…] Schamschicksal(s) […]" (Marks 2017, S. 115) durch aktive Aufarbeitung und Auseinandersetzung mit dem Thema Scham oder auch „[…] beschämende(r) Kommunikation […]" (Marks 2017, S. 116) und dem (eigenen) Zugeständnis: Jeder Mensch benötige Anerkennung und Zugehörigkeit (vgl. Marks 2017, S. 115 f.). Auch Prengel bietet Lösungsmöglichkeiten in Bezug auf (fehlende) Anerkennung und Solidarität wie beispielsweise einem möglichen „[…] Beschwerdemanagement […]" (Prengel 2019, S. 129) in Bildungs- und Erziehungseinrichtungen, einer feinfühligen Beziehungsgestaltung, einer Stärkung der Kompetenz Empathie oder dem Verweis auf die Verantwortung von Leitungen, Trägern oder der bundesweiten Bildungspolitik sich dieser Themen vermehrt anzunehmen und sie auszubauen (vgl. Prengel 2019, S. 129-132).

Durch eine Rekapitulation auf die Kritik einer fehlenden übergeordneten Instanz in Korczaks Erziehungskonzept hin zu einem pädagogischen Konzept (siehe Kapitel **4.4**) wird die Argumentationsanalyse beendet und die bisherigen Antworten auf die Forschungsfrage inklusive der Subfragen parallel umschlossen.

Die Frage, ob sich Korczaks Intentionen nicht auch auf eine tieferliegende, statt auf eine übergeordnete Instanz zuschreiben lassen, kann mit *Ja* beantwortet werden. Als mögliche Formulierung kann hierzu die *WÜRDEVOLLE PÄDAGOGIK* dienen.

Auch wenn nach Giesecke Korczaks Erziehung nur in einem abgesteckten und sicheren Raum in Form des Waisenhauses stattfand und den Kindern vermutlich weniger Methoden und Strategien für das tatsächlich schwierigere Leben außerhalb des geschützten Umfelds vermittelte, schien sich Janusz Korczak an dem elementarsten und verletzlichstem Empfinden eines Menschen zu orientieren (welches allerdings erst viel später als Grundbaustein der Menschenrechte verankert wurde und sich aktuell als die oberste Maxime der Menschheit darstellt) und dies aktiv in seiner Filterblase umzusetzen (Kindergericht u. a.).

Die menschliche Würde - als tiefstes Gefühl und zugleich höchstes Gut des (jungen) Menschen.

Es ist anzunehmen, dass sich adäquate Herangehensweisen oder Taktiken für das alltägliche Leben außerhalb des Waisenhauses schnell aneignen oder nachahmen lassen, denn bei der Betrachtung von Korczaks Stellschrauben seiner Beziehungsgestaltung zu den Kindern erscheinen die von Giesecke geforderten mechanisch-taktischen Fähigkeiten in Bezug auf Themen wie Identitätsbildung oder Resilienz verblasst. Und auch wenn ihm eine gewisse Zurückhaltung, entgegen des damaligen väterlichen Bildes eines Reformpädagogen attestiert wurde, zeigte sich seine Vermittlung von Anerkennung, Zugehörigkeit und vor allem von Solidarität als eine Art Maxime, die er sowohl von sich als auch von anderem Personal einforderte und (vor-)lebte. Noch mehr Solidarität als sich *gemeinsam* mit *seinen* Kindern auf den letzten Weg in den Tod zu begeben und ihre Würde bis zum letzten Atemzug aufrechtzuerhalten, scheint es nicht geben zu können.

Und vielleicht kann Korczaks kritisierte *Zurückhaltung* gerade deswegen als *angemessen-empathisch* gelten, weil er seinen Fokus beispielsweise auf das Recht auf Privatsphäre oder das Recht am eigenen Körper der Kinder richtete.

Vielleicht *zeigte* ihm *seine* Empathie, dass ein Kind gerade eine Krise bewältigen muss, es jedoch selbst über das Problem nachdenken und eine eigene Lösung finden möchte, und so gab er diesem Kind den Raum sich auszuprobieren. Er schien sich seiner machtvollen Stellung als älterer und lebenserfahrener Mensch und als potenzieller Machthaber bewusst, doch er zeigte seinen Kindern neue Dimensionen von Demokratie und Gleichberechtigung in den Kontexten seiner Wirkungsstätten.

Wie sich seine verbalen Aussagen oder sein Verhalten in Bezug auf Feinfühligkeit (als Filterleistung) einordnen lassen, kann sich ohne Film- oder Tonmaterial (das zwar vorhanden ist, aber aufgrund des begrenzten Umfangs dieser Bachelor-Thesis nicht beachtet wurde) an dieser Stelle nur aus der Art und den Inhalten seiner Formulierungen in den entsprechenden Lektüren interpretieren lassen. Es kann daher davon ausgegangen werden, dass Korczak bewusst auf seine verbalen Äußerungen und sein Handeln achtete. Denn wie eruiert wurde, kann sich trotz positiv-empathischem *Wollen* oder *Sollen* die Feinfühligkeit als *Ist* oder *Sein* konträr, also negativ(er), *zeigen*. Doch Korczak nutzte seine Zeit mit Beobachtung, Interpretation und Reflexion. Deshalb ist davon auszugehen, dass sein verbales und praktisches Auftreten für ihn eine übergeordnete Rolle gespielt hat. Seine Rückzüge können ihm als sempathische Ressourcenpflege ausgelegt werden, welche ge-

gensätzlich zu Gieseckes Kritik aus empathischer Sicht durchaus einen professionalisierten Eindruck von Ressourcen-Management im Sinne der Menschen seiner direkten Umgebung erzeugt.

Vielleicht gelang es Janusz Korczak – bewusst oder unbewusst – die Bildung *von* und die Bildung **durch** Empathie in seinen Kindern, in seinen MitarbeiterInnen und in sich selbst unter der Assistenz der (damals noch unbekannten) Spiegelneurone *zu manifestieren*. Das Feuern der Neurone kann als Energieaustausch verstanden werden, weshalb abschließend metaphorisch konkludiert wird:

Empathie bedeutet offenbar *wirkliche* Energie. Energie zeigt sich immer durch zwei Seiten – eine Nützliche und eine Gefährliche. Die offenbar **schwierige Anforderung aber zugleich** auch die **unermessliche Chance der Pädagogik** liegt anscheinend **im adäquaten Austarieren** *empathischer Energie-Haushalte.*

6. Fazit und Ausblick

Nach der Platzierung grundlegender pädagogischer Verständnisse und den disziplindifferenten Darstellungen von Empathie konnte ein Explikat *rekonstruiert* werden, welches sich in Folge als geeignet für die Argumentationsanalyse darstellte und bestehen bleiben kann.

Hierin offenbart sich die Empathie als eine primär neutrale und komplexe Kompetenz, die *irrtümlich* als *generell gut* bewertet wird. Zuvorderst entscheidet eine erste Hürde, der Blockademechanismus, ob etwas es wert ist sich überhaupt einzufühlen. Nach der Verarbeitung der Informationen durch Zurückspiegeln und Reflexion entscheidet sich als zweite Hürde durch eine Art Gefühlsstau, ob und wie reagiert wird. Erst *ab diesem Zeitpunkt* kann die nachfolgende (Art und Weise der) Handlung oder Reaktion als dritte Hürde als *gut* (empathisch) oder *schlecht* (nicht/wenig empathisch) ausfallen (Beschämen, Feinfühligkeit, Ignorieren, Mitgefühl u.a.) und gewertet werden. Eine Dysfunktion des Blockademechanismus und/oder der Filterleistung können Stress fördern bzw. durch Stress ausgelöst werden.

Das Empathie-System erscheint somit (bisher) von unbegrenzter Plastizität, *förderbar, reflexionsbedürftig* und *reflexionsfähig* im Sinne und als Perspektive der professionellen pädagogischen Haltung von ErzieherInnen als solidarisierende und prägende Bezugspersonen der ihnen anvertrauten Kinder und Jugendlichen. Innerhalb des lebenslangen Berufsbildungsprozesses kann Empathie als *Kompetenz* und *Ressource* eine effiziente *präventive Unterstützung zur Krisenbewältigung* (nach Oevermann) bei Zu-Erziehenden sowie der PädagogInnen selbst sein. Die Empathie gilt es deshalb weiterhin und intensiviert zu erforschen, zu reflektieren, zu fördern, weiterzubilden und mit eigenen biografischen Erfahrungen in Verbindung zu setzen.

Die daraus entstehende *Sempathie* kann die *Entwicklung von Mitgefühl* aller beteiligten Akteure fördern. Die Filterleistung Mitgefühl in Kombination mit *Feinfühligkeit* kann eine enorme Möglichkeit der Erziehungswissenschaft darstellen, den Zu-Erziehenden auch ohne psychologische oder therapeutische Intention (bei (noch) nicht diagnostiziert-pathologischen Zuständen) eine *heilende, würdevolle* und *präventiv-schützende Atmosphäre* im Sinne der gesetzlich verankerten wohlwollenden Bildung und Erziehung zu bieten.

Die *Fähigkeiten* Beobachtung, Deutung, Interpretation, pädagogisches Handeln und Reflexion (auch von Routine) können sich durch *das Wissen über die Funktion, die Systematik* und *mögliche Auswirkungen* innerer und äußerer Empathie-Bezüge in pädagogischen Beziehungen noch weiter qualifizieren.

In dem überaus verletzlichen Vertrauensverhältnis positionieren sich die Fachkräfte durch ihren Lebens- und Wissensvorsprung als *verantwortungsvolle Dienstleister*, die mit Hilfe der Empathie die Möglichkeit der Exploration von Kindern und Jugendlichen im Sinne der aktuellen und zu-künftigen Gesellschaft qualitativer und quantitativer gestalten können, denn: ***Nur durch Bindung ist Bildung und Erziehung möglich - doch nur durch Empathie ist Bindung möglich!***

Dingend anzumerken ist, dass sich, auch wenn von ErzieherInnen eine selbständige Arbeitshaltung und Weiterbildungsmotivation erwartet wird, gezeigt hat, dass entsprechende *Rahmenbedingungen* (Gruppengröße, Lautstärke, Personalschlüssel u. a.) einen markanten und richtungsweisenden Faktor bezüglich empathischer Entfaltungs- und Funktionsmöglichkeiten

100

darstellen. Hierbei sollten sich vornehmlich politische, kommunale und institutionelle Entscheidungsträger in der Verantwortung zur Beseitigung möglicher Stressoren sehen. Und auch die erziehungswissenschaftliche Forschung kann hierbei unterstützend wirken, wenn sie sich weiterhin mit Forschungsergebnissen umliegender Disziplinen (Human Ressource Management, Mitgefühl in der Beratung u. a.) auseinandersetzt und einen Bogen von ihrer aktuellen Erforschung adäquat-empathischer Ausdrucks- und Handlungsweisen (Filterleistungen wie etwa Feinfühligkeit, Mitgefühl) hin zu einem Verständnis von *Empathie als ein basaler emotionaler und körperlicher Systemkomplex* spannt. Interessant scheinen Fragestellungen wie: *Gibt es Zusammenhänge zwischen dem geistigen und körperlichen Zustand von PädagogInnen bezüglich des Grades von Sensitiver Responsivität* (als Intensivierung von Remspergers Studie)? Oder *in welchem Verhältnis stehen Empathie und Reflexionswille pädagogischer Fachkräfte zueinander?*

Das System Empathie konnte letzthin mit positiven und/oder negativen Auswirkungen auf die Würde des Menschen (in Sinne von Gesetz, Menschenrechte und Moral) in Verbindung gebracht werden, was zeigt, dass *Empathie* weitaus mehr bedeutet oder strukturell umfasst, als nur ein Wort in einer Zuschreibung unter dem Bereich *Sozialkompetenz*.

Das **Aufrechterhalten** der **Würde des Menschen** ist ein **Menschen*recht*** und eine **Menschen*pflicht*!**

7. Literaturverzeichnis

Andresen, Sabine (Hrsg.) ([17]2018): Janusz Korczak. Wie man ein Kind lieben soll. Göttingen: Vandenhoeck & Ruprecht GmbH & Co. KG.

Bauer, Joachim ([9]2008): PRINZIP MENSCHLICHKEIT. Warum wir von Natur aus kooperieren. München, Hamburg: Wilhelm Heyne Verlag.

BayBEP: Bayerisches Staatsministerium für Familie, Arbeit und Soziales. Staatsinstitut für Frühpädagogik München ([9]2018): Der Bayerische Bildungs- und Erziehungsplan für Kinder in Tageseinrichtungen bis zur Einschulung. Berlin: Cornelsen Verlag GmbH.

Bayer Vital GmbH (o. J.): Stress bei Kindern.
- Abrufbar unter:
  https://kinderförderung.bepanthen.de/sozialforschung/stress-bei-kindern/
  Letzter Zugriff am 25.06.2019 (akt. 30.11.2019).

Beiner, Friedhelm ([3]2018): Was Kindern zusteht. Janusz Korczaks Pädagogik der Achtung. Inhalt – Methoden – Chancen. Gütersloh: Gütersloher Verlagshaus in der Verlagsgruppe Random House GmbH.

Beljan, Jens ([2]2019): Schule als Resonanzraum und Entfremdungszone. Eine neue Perspektive auf Bildung. Weinheim, Basel: Beltz Juventa Verlag.

Berger, Peter Ludwig/Luckmann, Thomas ([27]2018): Die gesellschaftliche Konstruktion der Wirklichkeit. Eine Theorie der Wissenssoziologie. Frankfurt am Main: FISCHER Taschenbuch.

Bernhard, Armin ([8]2017): Pädagogisches Denken. Einführung in allgemeine Grundlagen der Erziehungs- und Bildungswissenschaft. Baltmannsweiler: Schneider Verlag Hohengehren GmbH.

Bowlby, John ([4]2018): Bindung als sichere Basis. Grundlagen und Anwendung der Bindungstheorie. München: Ernst Reinhardt Verlag.

Breithaupt, Fritz ([5]2017) (a): Kulturen der Empathie. Frankfurt am Main: Suhrkamp Verlag.

Breithaupt, Fritz ([3]2017) (b): Die dunklen Seiten der Empathie. Berlin: Suhrkamp Verlag.

Coelen, Tomas/Stecher, Ludwig (Hrsg.) (2014): Die Ganztagsschule. Eine Einführung. Weinheim, Basel: Beltz Juventa Verlag.

Derbolav, Josef: »Existentielle Begegnung« und »Begegnung am Problem«. Ein Beitrag zum Gespräch von Existenzphilosophie und Pädagogik, in: Faber, Werner (Hrsg.) (1969): Pädagogische Kontroversen 1. Das Problem der Begegnung. Guardinis Bildungslehre. Dialektik und Pädagogik. München: Franz Ehrenwirth Verlag KG, S. 93-110.

Dimbath, Oliver (³2016): Einführung in die Soziologie. Paderborn: Wilhelm Fink GmbH & Co. Verlags-KG.

Drieschner, Elmar: Die helfende Kraft. Zur Historie der Bindungsforschung. Ein Überblick über zentrale Studien, Experimente und Ergebnisse, der zeigt: Bindung, Erziehung und Bildung gehören zusammen, in: Vogt, Herbert (Hrsg.), Tontsch, Jutta (Hrsg.) (2017): Bindung und Feinfühligkeit. Das emotionale Netzwerk der Geborgenheit gemeinsam knüpfen. Stuttgart: Klett Kita, S. 18-21.

Dönges, Jan (2013): Psychopathen. Empathie nur auf Kommando.
  • Abrufbar unter:
    https://www.spektrum.de/news/empathie-nur-auf-kommando/1202046
    Letzter Zugriff am 25.06.2019 (akt. 30.11.2019).

Flitner, Wilhelm in: Godel-Gaßner, Rosemarie/Krehl, Sabine (Hrsg.) (2017): Kinder sind auch (nur) Menschen. Janusz Korczak und seine Pädagogik der Achtung. Eine Einführung. Gera: Garamond Verlag.

Friesinger, Theresia (2018): Der selbstempathische Ansatz in Bildungseinrichtungen im Kontext einer Inklusiven Kommunikation. Dortmund: verlag modernes lernen Borgmann GmbH & Co. KG.

Fritzsche, Karl-Peter (³2016): Menschenrechte. Eine Einführung mit Dokumenten. Paderborn: Ferdinand Schöningh Verlag GmbH & Co. KG.

Gangitano, Massimo/Mottaghy, Felix M./Pascual-Leone, Alvaro (2001): Phase specific modulation of cortical motor output during movement observation, in: Neuro Report, S. 1498-1492.

Giesecke, Hermann ([2]1999): Die pädagogische Beziehung. Pädagogische Professionalität und die Emanzipation des Kindes. München, Weinheim: Juventa Verlag.

Godel-Gaßner, Rosemarie/Krehl, Sabine (Hrsg.) (2017): Kinder sind auch (nur) Menschen. Janusz Korczak und seine Pädagogik der Achtung. Eine Einführung. Gera: Garamond Verlag.

Gruschka, Andreas (1994): Bürgerliche Kälte und Pädagogik. Moral in Gesellschaft und Erziehung. Wetzlar: Büchse der Pandora Verlags-GmbH.

Hasler, Felix ([5]2015): Neuromythologie. Eine Streitschrift gegen die Deutungsmacht der Hirnforschung. Bielefeld: transcript Verlag.

Hattie, John ([4]2018): Lernen sichtbar machen. Baltmannsweiler: Schneider Verlag Hohengehren GmbH.

Hebenstreit, Sigurd (2017): Janusz Korczak. Leben – Werk – Praxis. Ein Studienbuch. Weinheim, Basel: Beltz Juventa Verlagsgruppe.

Holzer, Jerzy (2007): Polen und Europa. Land, Geschichte, Identität. Bonn: Verlag J.H.W. Dietz Nachf.

Humboldt von, Alexander in: Baumgart, Franzjörg (Hrsg.) (³2007): Erziehungs- und Bildungstheorien. Erläuterungen – Texte – Arbeitsaufgaben. Bad Heilbronn: Julius Klinkhardt Verlag.

Hume, David (2015): David Hume. Eine Untersuchung über den menschlichen Verstand. Hamburg: Felix Meiner Verlag GmbH.

Hüls, Renate (2012): Das Empfinden von Mitgefühl. Förderliche und beeinträchtigte Vorgänge. Eine empirische Untersuchung. Hamburg: VERLAG DR. KOVAČ GmbH (Zugleich Dissertation Universität Hamburg 2010).

KiGGS Study Group: Hölling, Heike/Schlack, Robert/Petermann, Franz/Ravens-Sieberer, Ulrike/Mauz, Elvira (2014): Psychische Auffälligkeiten und psychosoziale Beeinträchtigungen bei Kindern und Jugendlichen im Alter von 3 bis 17 Jahren in Deutschland – Prävalenz und zeitliche Trends zu 2 Erhebungszeitpunkten (2003–2006 und 2009–2012). Ergebnisse der KiGGS-Studie – Erste Folgebefragung (KiGGS Welle 1). Bundesgesundheitsbl 2014 · 57:807–819DOI 10.1007/s00103- 014 -1979 -3© Springer-Verlag Berlin Heidelberg 2014.
• Abrufbar unter:
  https://edoc.rki.de/bitstream/handle/176904/1894/
  23snHyPgg8sPo.pdf?sequence=1&isAllowed=y
  Letzter Zugriff am 25.06.2019 (akt. 30.11.2019).

Kirschbaum, Clemens (o. J.): Was ist Burnout?
- Abrufbar unter:
  https://burnout-studie.psych.tu-dresden.de/node/2
  Letzter Zugriff am 25.06.2019 (akt. 30.11.2019).

KMK, Sekretariat der Ständigen Konferenz der Kultusminister der Länder in der Bundesrepublik Deutschland (2017): Kompetenzorientiertes Qualifikationsprofil für die Ausbildung von Erzieherinnen und Erziehern an Fachschulen und Fachakademien.
- Abrufbar unter:
  https://www.kmk.org/fileadmin/Dateien/veroeffentlichungen_beschluesse/2011/2011_12_01-ErzieherInnen-QualiProfil.pdf
  Letzter Zugriff am 30.11.2019.

Krenz, Armin (2017): Professionalität im Beruf.
- Abrufbar unter:
  https://www.nifbe.de/component/themensammlung?view=item&id=682:professionalitaet-im-beruf&catid=29
  Letzter Zugriff am 25.06.2019 (akt. 30.11.2019)

Lipps, Theodor (Hrsg.) (1913): PSYCHOLOGISCHE UNTERSUCHUNGEN. II. Band, 2. u. 3. Heft. Theodor Lipps: Zur Einfühlung. Leipzig: Verlag von Wilhelm Engelmann.

Loch, Werner (1969): Zur Vorgeschichte des pädagogischen Begegnungsbegriffs, in: Faber, Werner (Hrsg.) (1969): Pädagogische Kontroversen 1. Das Problem der Begegnung. Guardinis Bildungslehre. Dialektik und Pädagogik. München: Franz Ehrenwirth Verlag KG, S. 13 und 48.

Marks, Stephan (2017): Die Würde des Menschen ist verletzlich. Was uns fehlt und wie wir es wiederfinden. Ostfildern: Patmos Verlag.

Mead, George Herbert (2013): Geist, Identität und Gesellschaft. Frankfurt am Main: Suhrkamp Verlag.

Oehlmann, Sylvia (2012): Kinderbilder von pädagogischen Fachkräften. Eine Studie zu den Kinderbildern von Lehrkräften und Erzieherinnen. Weinheim, Basel: Beltz Juventa Verlag.

Oevermann, Ulrich: Professionalisierungsbedürftigkeit und Professionalisiertheit pädagogischen Handelns, in: Kraul, Margret/Marotzki, Winfried/Schweppe, Cornelia (2002): Biographie und Profession. Bad Heilbronn: Julius Klinkhardt Verlag, S. 19-63.

Prange, Klaus/Strobel-Eisele, Gabriele (²2015): Die Formen des pädagogischen Handelns. Stuttgart: W. Kohlhammer Verlag GmbH.

Prengel, Annedore (²2019): Pädagogische Beziehungen zwischen Anerkennung, Verletzung und Ambivalenz. Opladen, Berlin, Toronto: Verlag Barbara Budrich.

Remsperger, Regina (2011): Sensitive Responsivität. Zur Qualität pädagogischen Handelns im Kindergarten. Wiesbaden: VS Verlag für Sozialwissenschaften I Springer Fachmedien GmbH (Zugleich Dissertation Goethe-Universität Frankfurt am Main 2010).

Rescher, Nicholas in: Bühler, Axel (Hrsg.) (2003): Hermeneutik. Basistexte zur Einführung in die wissenschaftstheoretischen Grundlagen von Verstehen und Interpretation. Heidelberg: SYNCHRON Wissenschaftsverlag der Autoren.

Rizzolatti, Giacomo/Sinigaglia, Corrado ([6]2018): Empathie und Spiegelneurone. Die biologische Basis des Mitgefühls. Frankfurt am Main: Suhrkamp Verlag.

Roth, Gerhard (2009): Aus Sicht des Gehirns. Frankfurt am Main: Suhrkamp Verlag.

Rudolph, Brigitte (2012): Das Berufsbild der Erzieherinnen und Erzieher im Wandel - Zukunftsperspektiven zur Ausbildung aus Sicht der Fachschulleitungen.
- Abrufbar unter:
    https://www.weiterbildungsinitiative.de/uploads/media/Studie_Rudolph.pdf
    Letzter Zugriff am 25.06.2019 (akt. 30.11.2019).

Rudow, Bernd (2004): Belastungen und der Arbeits- und Gesundheitsschutz bei Erzieherinnen. Kurzfassung des Projektberichts.
- Abrufbar unter:
    https://www.gew.de/index.php?eID=dumpFile&t=f&f=20670&token=b0e3874f6b9502f6aa424eab95b14628ec1aa43c&sdownload=&n=Belastungen_und_der_Arbeits-_und_Gesundheitsschutz_bei_Erzieherinnen.pdf
    Letzter Zugriff am 30.11.2019.

Schneewind, Julia/Böhmer, Nicole/Granzow, Marina/Lattner, Karin (2012): Abschlussbericht des Forschungsprojektes „Studie zur Kompetenz und Zufriedenheit von ErzieherInnen in Niedersachsen". Projekt der Forschungsstelle: Professionalisierung frühpädagogischer Fachkräfte an der Hochschule Osnabrück (Projektlaufzeit: 09/2010 – 10/2012). Gefördert durch das Niedersächsische Ministerium für Wissenschaft und Kultur im Rahmen des Niedersächsischen Instituts für frühkindliche Bildung und Entwicklung (nifbe). Osnabrück.

- Abrufbar unter:
  https://www.nifbe.de/das-institut/projekte/themen?view=item&id=174:project-174&catid=144
  Letzter Zugriff am 25.06.2019 (akt. 30.11.2019).

Schütze, Fritz: Organisationszwänge und hoheitsstaatliche Rahmenbedingungen im Sozialwesen, in: Combe, Arno (Hrsg.)/Helsper, Werner (Hrsg.) (1996): Pädagogische Professionalität. Untersuchungen zum Typus pädagogischen Handelns. Frankfurt am Main: Suhrkamp Verlag, S. 183-275.

Searle, John Rogers (1991): Intentionalität. Eine Abhandlung zur Philosophie des Geistes. Frankfurt am Main: Suhrkamp Taschenbuch Verlag.

Singer Tania/Bolz Matthias (Hrsg.) (2013): Mitgefühl. In Alltag und Forschung. München: Max Planck Society (eBook).

Singer, Tania/Ricard, Matthieu (2015): Mitgefühl in der Wirtschaft. Ein bahnbrechender Forschungsbericht. München: Albrecht Knaus Verlag.

Sobecki, Malgorzata in: Godel-Gaßner, Rosemarie/Krehl, Sabine (Hrsg.) (2017): Kinder sind auch (nur) Menschen. Janusz Korczak und seine Pädagogik der Achtung. Eine Einführung. Gera: Garamond Verlag.

Speck, Otto (^{2}2009): Hirnforschung und Erziehung. Eine pädagogische Auseinandersetzung mit neurobiologischen Erkenntnissen. München: Ernst Reinhardt GmbH & Co KG Verlag.

Stein, Margit (^{3}2017): Allgemeine Pädagogik. München: Ernst Reinhardt GmbH & Co KG Verlag.

Süddeutsche Zeitung (2019): WHO-Katalog: Burnout möglicher Faktor für Gesundheitsschäden.
  • Abrufbar unter:
     https://www.sueddeutsche.de/gesundheit/medizin-
     who-katalog-burnout-moeglicher-faktor-fuer-gesund-
     heitsschaeden-dpa.urn-newsml-dpa-com-20090101-
     190528-99-416856
     Letzter Zugriff am 30.11.2019.

Tomasello, Michael (2014): EINE NATURGESCHICHTE DES MENSCHLICHEN DENKENS. Berlin: Suhrkamp Verlag.

Tomasello, Michael (^{5}2015): Die kulturelle Entwicklung des menschlichen Denkens. Zur Evolution der Kognition. Frankfurt am Main: Suhrkamp Taschenbuch Verlag.

Tomasello, Michael (^{4}2017): Warum wir kooperieren. Berlin: Suhrkamp Verlag.

Tometten-Iseke, Anneliese (2012): EMPATHIE IN DER BERA-TUNG. Empirische Untersuchung am Beispiel der Hebammenarbeit. Beiträge zur Beratung in der Erwachsenenbildung und außerschulischen Jugendbildung. Band 4. Münster, New York, München, Berlin: Waxmann Verlag GmbH.

Wehner, Ulrich (2009): Pädagogik vom Kinde aus. Versuch einer kinderphilosophischen Reinterpretation einer pädagogischen Formel.
- Abrufbar unter:
    https://dokumen.tips/documents/paedagogik-vom-kinde-aus-versuch-einer-paedagogik-vom-kinde-aus.html
    Letzter Zugriff am 30.11.2019.

Zaboura, Nadia (2009): Das empathische Gehirn. Spiegelneurone als Grundlage menschlicher Kooperation. Wiesbaden: VS Verlag für Sozialwissenschaften I GWV Fachverlage GmbH.

Ziegler, Holger (2017): (Abstract) Sozialstudie der Bepanthen-Kinderförderung 2017. Achtsamkeit in Deutschland: Kommen unsere Kinder zu kurz?
- Abrufbar unter:
    https://www.bepanthen.de/static/documents/achtsamkeit-gegenueber-kindern/2017_bepanthen-kinderforderung_abstract_ziegler.pdf
    Letzter Zugriff am 30.111.2019.

Ziegler, Holger/Saalfrank, Katia/Siggelkow, Bernd (o. J.): Achtsamkeit in Deutschland: Kommen unsere Kinder zu kurz?
- Abrufbar unter:
  http://docplayer.org/52653807-Achtsamkeit-in-deutschland-kommen-unsere-kinder-zu-kurz.html
  Letzter Zugriff am 30.11.2019.

ZVBV e. V.: Zentrale Vereinigung für bürgernahe Verbraucherinformationen (2015): TK-Studie: Erzieher überdurchschnittlich häufig krank.
- Abrufbar unter:
  https://www.krankenkassenzentrale.de/magazin/tk-studie-erzieher-ueberdurchschnittlich-haeufig-krank-42416#
  Letzter Zugriff am 30.11.2019.